株 테 크 시 리 즈 1

초보자를 위한

주식입문

邱永漢 著
黄憲筆 譯

21 세기의
새로운
재산증식
가이드 !!

太乙出版社

주식에 관심을 가진 초보자를 위하여

나는 전부터 주식으로 버는 요령은 정보를 풍부하게 가지고 있다거나 경기에 대한 정확한 판단, 또는 주식을 살 좋은 타이밍을 잡는 요령을 가지고 있다거나 하는 그런 것들이 아니라고 생각하고 있다. 그들은 물론 주식투자에 빼놓을 수 없는 중요한 요인이지만 가장 중요한 것은 뭐니뭐니 해도 주식에 대한 각자의 자세일 것이다.

주식의 '주'자도 모르던 내가 처음 주식에 손을 대었던 것이 1959년으로, 그해 나는 자신의 체험을 토대로 '부인공론'지에 '나의 주식투자 필승법'을 썼다. 이어서 다음 해 '주간공론'지에 '회사를 보다'를 썼다. 지금은 종합잡지나 주간지의 주식에 관한 기사는 조금도 진귀한 것이 아니지만 59년 60년 무렵에는 고도성장이라는 말도 소득증가라는 말도 아직 탄생하지 않았었으므로 이자 전문지 이외에서 주식 기사를 발견하기는 어려웠다.

내가 일류 잡지에 주식 이야기를 꺼냈을 때 놀라는 사람도 있었고 강하게 반발하는 사람도 있었다. 그러나 내가 예상했듯이 주식 대중화의 시대는 곧 실현되어 주부나 젊은 사람들까지 주식을 화제로 하는 것은 일상의 다반사가 되었다.

내가 쓴 주식에 관한 문장은 '투자가 독본'이라는 제목의 아사히 신문사에서 출판한 것으로 당시의 베스트셀러에 끼었

고 후에 내 자서전이 나오게 되었을 때 덕문서점의 편집부는
'나의 주식투자 필승법'을 그 속에 수록했다. 고양이 눈과 같
이 변하는 주식시장에 관한 기사를 쓰고 나면 곧 낡은 것이
되어 버리기 쉬우며 심할 때는 잡지에 실은 때 이미 짐작이
벗어나는 경우도 있다. 그런 것을 수십년이 지난 후에 또 다
시 실을 만하다고 판단하도록 만든 것은 내가 시시각각으로
변화하는 시세에 관해 기술하지 않고 그 속에 흐르는 인간의
일관된 변함없는 심리와 욕망, 투자의 원칙을 언급하고 있기
때문이라고 생각한다. 상품이나 가격의 위치나 경제환경은 변
해도 인간의 생각이나 행동의 동기는 그다지 크게 변하지 않
는다는 것을 알 수 있게 한다.

그러나 그렇게는 말해도 약 4반세기 계속된 고도성장의 종
말로 저성장시대가 되어, 다시 사회의 '성숙화'와 '노령화'로
전세계가 우리 경제의 빛나는 성과에 주목하는 소위 '국제화
' 현상이 되자 투자환경은 백팔십도라고 해도 좋을 정도로 크
게 전환되었다.

예를 들면 내가 주식투자를 시작했을 당시는 경제성장 중
에 있었으므로 나는 '성장주 이론'이라는 것을 생각해 내어
'주식은 시세를 잡는 것보다도 성장력이 높은 주식을 사서 가
만히 가지고 있는 사람이 번다'라고 장기투자를 권했다. 그
시대에는 소형이고 성장력이 높은 증자를 매년 반복하는 주
식이 인기의 중심이었다.

그러나 성장경제시대가 끝나 세계적으로 경기가 저조하게
되자 조금이라도 성장력이 있는 나라의 경제에 투자하려는

움직임이 강해지게 되어 시세를 움직이는 요인도 변했고 투자대상이 되는 상품도 변했다. 오랫동안 소위 대형주는 '성장이 멈추어 버린 주식'으로서 경원시되었으나 국제화시대가 되자 외국인도 알고 있는 세계적으로 저명한 주식이 아니면 알아 주지 않게 되고 또 같은 저성장 중에서 보면 대기업쪽이 안심감을 주는 이유로 소위 '국제상품'의 약동이 눈에 띄게 되었다. 만일 내가 자신의 낡은 사고방식을 계속 고집하고 있었더라면 시대의 변화에 뒤처져 '노병은 사라질 뿐'이라는 말만 듣고 있을 것이다. 주식투자에 있어서 중요한 것은 '고정관념에 얽매이지 않는 것'이며 우리 기성관념을 깨는 현상이 일어나면 그에 대해 거부반응을 나타내지 말고 오히려 그것을 새로운 현상일지 모른다고 생각하여 토론의 대상으로 삼을 필요가 있지 않을까 하고 생각한다.

내가 처음 주식에 손을 댄지 이미 4반세기가 지나려 하고 있다. 주식 이야기를 처음 쓰기 시작하던 무렵 내 독자였던 사람들은 이미 베테랑 중의 베테랑이 되어 버렸으므로 나는 이들에 대해 나도 모르는 사이에 전문용어로 말을 걸게 되었다. 그러나 주식시장에는 계속해서 새로운 사람들이 밀려들고 그들 중에는 주식의 A B C부터 공부할 필요가 있는 사람들도 적지 않음을 볼 수가 있다.

그런 사람들을 대상으로 초보자도 알 수 있는 주식투자의 기초지식에 대해 책을 써 달라는 의뢰를 받았다. 나도 그럴 필요를 느끼고 있었으나 현재 연재물을 15권이나 쓰고 있는 관계로 시간의 여유가 없어 문답방식이라면 하고 대답했다.

그 결과 생겨난 것이 이 「구영한의 주식입문」이다.

다소나마 독자 여러분에게 참고가 된다면 더 이상 기쁜 일이 없을 것이다.

초보자를 위한 주식입문

차 례

머리말 / 주식에 관심을 가진 초보자를 위하여…

3. 주식은 아집과 타이밍

이런 사기·팔기라면 경험없이도 해낼 수 있다

4. 헛소문에 휩쓸리지 않기 위해서
주식 정보를 이렇게 읽으면 주가의 움직임을 확실하게 잡을 수 있다

주식을 사기전에
이것만은 명심해 두자

1. 처음 주식에 손을 대려할 때 어느 정도의 돈을 준비하면 좋을까 ?

처음 주식을 사는 사람은 우선 주식은 무엇 때문에 하는가를 생각해 볼 필요가 있다.

장사를 시작하는 경우 어느 정도 자금이 없어서는 안된다. 자신 혼자의 돈이면 문제는 없으나 큰 장사를 하기 위해서는 친척이나 친구가 서로 돈을 내게 된다. 거기에는 합자 회사적인 방식도 있고 한주의 값을 정하여 몇사람이 주식을 가지는 방법도 있다. 그 주식은 또 다른 사람에게 양보할 수도 있다. 즉 자본을 집중시킬 수 있고 위험도 분산되는 것으로 본래 주식투자라는 형이 되어간다.

처음에는 친척, 지인 수준이었으나 점차 사회자본이라는 형이 되어갔으며 이번에는 누구나 주식을 매매할 수 있고 주주들이 대표이사가 되는 사람에게 신탁하여 일을 시키는 형으로 변화되는 것이다. 그런 의미에서 오늘날은 주식 그 자체가 사회적 신용의 심볼과 같은 것이 되었다. 성장회사는 그 신용의 덕으로 주주를 널리 일반으로부터 모을 수가 있는 것이다. 이런 자본의 형성은 근대사회에 있어서는 하나의 제도인 것이다. 그 제도에 의해 우리들이 돈을 무엇에 투자할 것이며 어떻게 재산을 보유할 것인가 하는 투자방법이 생겨나는 것이다.

예를 들면 현금도 하나의 형태이다. 원금이 보증되어 이자

✚주식으로 벌기 위한 격언✚
생명돈에는 손을 대지 말라. 주
식투자에는 자금 여유가 필요. 손해
를 보면 곤란한 자금은 투자로 돌
리지 말라.

가 붙는다. 그러나 원금이 보증되어 있다고 해도 그것은 액면
만의 것으로 내용까지 보증되어 있는 것은 아니다. 인플레가
되면 실질보증은 아무것도 아닌 것이 되어 버리는 것이다.

본래 보증되어 있지 않은 것이 주식이다. 자신이 산 값을
유지할 수 없고 액면을 나누는 것으로, 그 대신 일단 회사가
돈을 벌면 주가도 쑥쑥 올라간다. 즉 사행심을 자극하면서 자
금을 모아 그것을 장사에 사용하는 것으로 지금 시대에 비교
적 맞는 합리적인 제도라고 할 수 있을 것이다.

따라서 다소 사행심이라고 할까, 잘 되면 한밑천 잡을 수
있지 않을까 하는 기분으로 시작하는 것이므로 그런 것이 싫
은 사람은 주식을 해서는 안된다. 이 제도에서는 돈을 벌 찬
스도 있지만 손해를 볼 경우도 있으므로 주식을 산 이상에는
이 돈이 반이 될 수도 있다라는 각오를 할 필요가 있는 것이
다.

그런 각오가 되어 있다면, 자 이제는 어느 정도의 돈을 준
비하면 좋을까……

주식 매매에서 최소 단위는 원칙적으로 천주이다. 쏘니 등
의 비싼 주식은 백주 단위도 상관없지만 이것은 예외로 친다.
그럼 그 단위라는 것인데 옛날에는 오백주였고 50엔을 나눈

✚주식으로 벌기 위한 격언✚
이익증대는 최후에 한다. 깊이
쫓는 것은 금물. 특히 신용거래에서
의 늘려 사기는 주의가 필요하다.

주식도 있었으므로 만엔 정도만 있으면 좋았다. 지금은 무배
(無配)의 주식이라도 전부 100엔 이상일 것이다. 어떤 식인가
하면 역사가 있는 대 회사의 주식쪽이 싸고 아직 맞뛰기 시작
했을 뿐이지만 미래에 꿈을 가지고 있는 청년이나 소년같은
느낌의 주식이 높은 가격을 나타내고 있는 것이다. 그러나 대
부분 조선주나 건설주, 이익을 올리고 있는 일류기업이라도
100엔 대에서 200엔 대이므로 처음에는 그 즈음의 주식을 사
도 좋을 것이라고 생각한다. 그렇게 하면 천주에 15만에서 20
만. 젊은 셀러리맨이나 OL이라면 보너스를 받으면 그 돈으로
사보는 것이 좋지 않을까. 처음에는 어느쪽이 동쪽인지 어느
쪽이 서쪽인지도 모르므로 이기려는 것은 무리일 것이다. 1700
종류의 주식 중에서 값이 싸 손이 닿는 회사의 주식을 선택했
다. 그러나 빠질만한 이유가 없어서는 안된다. 생각대로 되지
않는다 해도 그것은 그것대로 좋은 것이다. 첫사랑이 이루어
지는 경우는 거의 없지 않은가. 자신이 경험한다는 사실이 중
요한 것이다.
　나는 자주 우스개 소리로 이 말을 하는데, 대학 법학과에서
1년 내내 어음법 강의를 듣고 시험도 '수'를 받았으나 한번도
어음이라는 것을 본 적이 없는 사람이 있다. 그러므로 자신의

월급이나 보너스로 사 보아야 하는 것이다. 그러면 관심을 갖
게 되고 지식도 얻을 수 있게 된다.

《구영한의 원포인트 어드바이스》
  우선 보너스로 20만엔의 천주를 사는 것으로 주식투자의 실전적인 지
식을 얻을 수 있게 된다.

2. 주식은 위험하다고 말들 하는데 손해를 각오하고 하는 편이 좋은 것인가 ?

전에는 주식이라고 하면 대체로 현물 매매가 아니었다. '샀다'라고 해도 보증금만 걸고 그 몇배나 거래를 했고 쑥 내려가면 이번에는 큰 손해를 보게 되었다.

그 때문에 주식으로 파산했다거나 그런 사람들의 보증을 서 주었다가 함께 파산하는 경우가 자주 있었던 것이다. '손자 대에까지 주식에는 손을 대지 말라' '타인의 보증을 서지 말라'라는 것이 가훈이 되던 시대였으므로 일반적으로 '주식은 위험하다'라는 사고방식이 강했다.

그러다 주식시장이 매우 커지게 되면서 현물거래가 중심이 되고 게다가 신용거래를 보수적으로 하게 되었다.

내가 주간지나 신문에 주식 이야기를 쓰게 된 것도 이 무렵부터이다. 현물을 매매하면 그다지 위험하지 않다. 나 자신 주식을 하기 시작했고 '이 주식을 사시오'라고 다른 사람에게 전하게도 되었다. 그러던 중 상당히 연배인 분으로부터 투서가 날아들었다.

"당신은 만년 고집으로, '자 전진'이라고 말하듯이 진군의 나팔만 불고 있지만 주식시장이라는 것은 당신이 생각하고 있는 것처럼 쉬운 것이 아니오. 반동이 있고 대공항이 오면 파산하는 사람이 속출하오. 좀더 만일의 경우를 생각하는 것이 어떻겠소."라는 내용의 경고였다.

'무리한 돈'으로 주식을 사면 결과적으로 손해를 본다.

그러나 나는 그렇게 생각하지 않았다. 경제의 구조가 변하여 전체적으로 파이가 커져가는 과정이므로 주식을 사거나 팔거나 하기보다 사서 끈기있게 가지고 있으면 그것이 커져갈 것 아닌가. 어느쪽이 맞는지는 시간이 증명해 줄 것이라고 생각하면서 나는 내 나름대로 전진해 갔던 것이다.

지금 되돌아 보면 이 이십 몇년 동안 대국적으로 보아 경제는 순조롭게 전진해 온 것 같다.

주식시장이 대폭락했던 적도 없다. 큰 손해를 본 사람은 신용매매를 하여 투기적으로 달리거나 돈을 빌려 무리하게 사거나 하여, 그 주식이 쑥 내려간 때에 견디지 못한 사람들이다. 자신의 손이 미치는 범위에서 현물매매를 하여 큰 손해를 본 사람은 어지간히 사물을 보는 눈썰미가 없는 사람이다.

　가장 신경을 써야할 것은 '무리한 돈'으로 주식을 사서는 안된다는 것이다. 예를 들면 집을 샀다. 3개월 후에 지불할 잔금을 잘 준비해 둔다. 그때 주가가 움직이고 있으므로 3개월 동안에 2할이나 3할 벌어볼까 하는 욕심을 내어 주식을 산다. 그러다 벌기는 커녕 2할이나 3할 내려 집사는 데 써야할 돈이 없어지게 된다. 돈이 필요함으로 주식을 팔지 않을 수 없게 되고 손해를 보게 되는 것이다. 그러므로 그런 '무리한 돈'으로 주식을 사서는 안된다. 주식을 사거나 팔거나 하면 그 내용이 시대의 변천에 따라 부풀거나 납작해지거나 한다. 그를 어떤 식으로 조절해 가느냐 하는 것이 중요하다.

《구영한의 원포인트 어드바이스》
　'무리한 돈'만 사용하지 않으면 오늘날 주식투자로 큰 손해를 보는 경우는 적다.

3. 가지고 있는 현금 중 저축과 주식투자의 비율은 어느 정도가 적당한가?

옛날부터 '재산 삼분법'이라고 불리우는 축재법이 있었는데 이것은 안전선차랑(安田善次郞)이라는 사람이 제안했다고 일컬어지고 있다. 그의 사고방식에 의하면 돈은 어느 정도 위험 분산해 두는 편이 좋다. 3분의 1은 부동산을 사고 3분의 1은 현금성이 있는 저금을 해 두고 나머지 3분의 1은 유가증권을 산다. 이렇게 해 두면 세상의 변화에 의해 어떤 사태가 일어나도 셋 중 어떤 것인가는 도움이 된다는 것이다.

한때 부동산이 비싸지고 주식이 싸질 수 있다. 그 반대의 때도 있고 양쪽이 싸지고 현금만이 뛰어오르는 때도 있을 것이다. 예를 들면 갑자기 돈이 필요하게 된 때 부동산만 가지고 있으면 값이 싸도 무리하게 팔아서 손해를 보게 됨으로 가능한 재산을 분산해 두는 것이 좋지 않겠느냐 하는 사고방식이다.

그러나 나는 이에 그다지 찬성하지 않는다. 재산 삼분법은 화폐가치가 그다지 변함이 없던 시대의, 게다가 부자들에게나 맞는 어드바이스인 것이다. 가난뱅이가 재산을 3분하면 아무것도 남지 않게 되어 버린다.

세상이 어떤 방향으로 움직이고 있는가에 따라 밸런스를 바꾸는 편이 좋다고 생각한다.

그리고 또 하나는 부자가 아닌 사람이 부자와 같은 방법으

✚주식으로 벌기 위한 격언✚
시세와 연줄은 끊지 말라.
 전재산을 투자하여 난평 사기를
하는 짓은 하지 말라.

로 재산을 관리할 수는 없다는 것이다.

그런 이유에서 나는 시기에 따라서는 재산을 가능한 집중시키는 편이 좋다고 생각하고 있다. 현실적인 문제로써, 100만엔 밖에 없는 사람에게 토지를 사라고 해도 그것은 불가능한 일이므로, 국채나 전환사채를 사거나 은행예금을 하거나 적금을 들거나 또는 이것 저것 귀찮으면 전부 주식을 사거나 아뭏든 분산 따위는 생각지 말고 하나로 모아 처리해야 하는 것이다.

사람 각각에게는 성격이 있으므로 소심한 사람에게 전부 주식에 투자하도록 하면 그 순간부터 잠을 이루지 못하게 될 것이다. 하지만 돈이 없을 때는 몸이 자본이므로 '돈 따윈 그렇게 문제시할 필요는 없다'라는 사고방식도 성립한다. 신용매매를 하거나 자본적으로 무리가 있는 방법은 곤란하지만 자신의 손이 닿는 범위 내에서 현물을 사는 것도 좋지 않을까.

중요한 것은 주식투자에서 단순히 이익을 보았다, 손해를 보았다 라는 것을 생각하지 않는 것이다. 100만엔 샀으면 65만엔까지 내려가도 팔지 않고 있으면 아직 승부는 있는 것이고 일전하여 200만엔이 될 수도 있으므로 그때까지 참는 것이 중요한 것이다.

주식이라는 것은 자신의 성격에 도전해 본다는 의미가 강하다. 누구나 주식값이 내려가면 더 내려가지 않을까 하고 걱정하게 되고 팔고 싶어진다. 반대로 값이 오르면 이번에는 더 올라갈 것이라고 생각하여 버티고 만다. 그러므로 나는 주식에서 벌기 위해서는 참아야 한다고 생각한다. 처음에는 더욱 그렇다.

내가 처음으로 주식을 산 것은 1959년이었다. 나는 비교적 현실적인 사고방식을 가지고 있으므로 불가능한 것을 생각하지 않고 자신이 가지고 있는 돈과 자신의 능력범위 내에서 이것 저것을 생각했던 것이다. 돈이 없을 때이므로 10엔 손해를 보는 것도 싫었다. 원고료로 번 돈을 주식에 투자했던 것이다. 원고료는 좀처럼 오르지 않았으므로 열심히 책을 읽고 정보를 모으고 하여 천주 이천주 사기에서부터 시작하였던 것이다.

처음에는 규모가 작았음은 물론이다. 내가 대기업 사장의 이야기를 쓰거나 하면 모두가 '그런 것은 참고가 되지 않는다'라고 하지만 그것은 그렇지가 않다. 본전종일랑(本田宗一郎)씨도 작은 것에서부터 시작했고 히다찌 제작소도 옛날에는 가마니 한장에서 시작했다. 그러므로 어떻게 작은 것이 커졌는지를 연구하면 시작은 천주이지만 드디어는 그것이 백만주로도 이백만주로도 불어나게 되는 것이다.

《**구영한의 원포인트 어드바이스**》
100만엔 정도라면 주식에서 벌기 위해서는 참아야 한다.

4. 주식을 시작하려면 우선 무엇부터 하면 좋은가 ?

주식에 관심을 갖기 시작할 무렵이라는 것은 학창시절 이성에 흥미를 지니기 시작할 때와 비슷하다. 우선 의학책을 본다. 그리고 소설을 읽지 않을까. 다음에 친구에게 '너 체험했니 ?'라고 묻거나 한다. 아뭏든 여러 가지 배운 다음 실제 체험으로 들어가는 것이다. 이것이 극히 평범한 과정이라고 해도 좋을 것이다.

주식의 경우도 개중에는 학창시절에 부모로부터 돈을 빌려 주식을 사서 크게 버는 사람도 있지만 보통은 사회인이 되어가는 과정 중에 점차로 흥미를 가지게 된다. 경제사회와 그 어떤 접점을 갖게 되기 때문이다. 그렇지 않으면 신문의 주식난 따위는 전혀 읽지 않을 것이다.

그러나 한번 흥미를 가지게 되면 신문에서 주식난처럼 그렇게 재미있는 곳은 없게 된다. 매일의 시세로 무한한 변화를 볼 수 있어 추리소설을 읽는 것보다도 훨씬 재미있다.

그러는 중에 주식에 대해 좀더 알고 싶어 독해서를 읽게 된다. 주식의 지식을 여러 가지 공부하고 자신이 사고 싶다고 생각하는 회사도 생겨난다. 그렇게 되면 그 회사의 내용이 마음에 걸리게 된다. 암의 새로운 약을 개발하였다고 하던데 그것이 정말일까, 이번에 시판하기 시작한 퍼스컴은 잘 팔리고 있나…… 이런 식으로 자연스럽게 흥미가 생기는 것이다. 이미 문제의식을 갖게 되는 것이다.

인간은 문제의식이 없으면 모든 것을 해결할 수가 없다. 안테나를 치고 있다가 거기에 무엇인가가 걸리면 앗, 이런 것이 있었던가 아, 그랬던가 하는 식으로 머리속에 받아들이는 것이다.

주식에 흥미를 가지면 문제의식이 생기므로 평범한 기사를 읽어도 머리에 무엇인가가 떠오르게 된다. 성능 좋은 안테나로 뉴스를 잡아 정보를 수집하는 것이 중요하다. 주식을 시작하려는 사람은 자연스럽게 그렇게 되어야 하는데 이것이 되지 않는 사람은 처음부터 실격이다.

실제로 주식을 사면 문제의식은 좀더 분명하게 생긴다. 아무리 지식이나 정보를 늘려도 사 보지 않고서는 아무것도 모르는 것과 같다.

막상 살 때는 역시 선배의 가르침이 필요할 것이다. 갑자기 혼자 증권회사에 가서 '주식을 사 주십시오'라고 해도 이것은 반대이다. 증권회사는 매매주가 아니고 대리역을 할 뿐이므로 내가 '팔아 주십시오'라고 하면 '내 주식을 시장에서 팔아 주시오'라는 의미가 되어버린다. 주식을 사고 싶으면 '사 주시오'라고 말하는 것이 바른 것이다.

그 정도로 어느 쪽이 동쪽인지 어느 쪽이 서쪽인지 모르는

✚주식으로 벌기 위한 격언✚
눈앞만보고 투자하지 말라. 눈앞
의 손득(損得)에 얽매여 단기의 시
세전망으로 투자를 하면 실패하는
경우가 많다.

초보자라면 역시 소개자가 있는 편이 마음 든든하다. 나는 어
느 정도 연구한 다음 돈을 맡기고 있는 은행 지점장에게 상담
했던 것이다. 친척 샐러리맨의 소개로 조심스럽게 속지 않을
까라고 생각하면서 갔던 것인데 다행히 내 경우는 잘 되어 1
년도 지나기 전에 그 지점장이 '선생님, 주식은 어떤 것을 사
는 것이 좋겠읍니까'라고 묻게 되었다.

샐러리맨이라면 대개 직장동료 중에 주식을 하고 있는 사
람이 있으므로 그런 사람에게 물어보는 것이 가장 빠를 것이
다.

적당한 사람이 없으면, 물론 증권회사도 장사이므로 혼자가
서 이런 주식을 사고 싶다고 말하면 그렇게 해 준다. 그러나
어지간한 배짱이 있는 사람에게도 처음 주식을 사는 것은 두
려운 일이므로 누군가에게 심적 도움을 얻는 편이 조금은 안
심할 수 있는 방법이다.

《구영한의 원포인트 어드바이스》
정보를 수집하고 주위에서 도움을 줄 수 있는 사람이나 함께 증권회사
에 가 줄 수 있는 사람을 찾는다.

5. 증권회사는 무엇을 기준으로 하여 선택하는 것이 좋을까?

노무라(野村), 닛쿄오(日興), 타이와(大和), 야마이찌(山一)를 일본의 4대 증권이라고 한다. 그 중에서도 노무라가 단연 1위이므로 4대가 아니고 1대라고 하는 설도 있으나 아뭏든 백개도 더 되는 증권회사 중에서 4개가 걸출하고 있는 것은 분명하다. 시대에 맞는 경영도 관계되어 있을 것이므로 그렇게 나쁜 말은 하고 싶지 않지만 큰 곳은 그다지 권하고 싶지 않다.

스케일이 커져 세일즈맨을 많이 거느리게 되면 아무래도 손님 상대에 소홀함이 생기는 경향이 있다. 이 소홀함의 의미는 서비스가 정중하지 못하다라는 것이 아니고 손님 한사람 한사람에게 충분한 신경을 써 주지 않는다는 것이다. 특히 천주 정도밖에 사지 않는 손님은 무시되기 일쑤이다.

성급한 이야기이지만 백만주를 사도 천주를 사도 전표는 한장이고 같은 수고가 든다. 그러나 그 수수료는 천배나 차이가 나는 것이다. 수수료라는 것은 주식을 사는 금액에 따라 정해지는 것으로 이것은 어느 증권회사나 같다. 그러므로 금액을 크게 움직이는 손님을 중요시하는 것이고 극단적으로 말하면 천주정도를 사러 오는 손님 따위는 필요없는 것이다.

17, 8년 정도 전에 나는 일본 제일이 된 증권 세일즈맨의 이야기를 들은 적이 있다. 그의 손님은 8명 밖에 없었다. 8명

이지만 그들은 백만주 2백만주를 사는 사람들 뿐이었던 것이다. 여담이지만 그들이 벌게 해주는 수수료가 당시 돈으로 월 6000만엔이나 되었다. 증권회사에는 비율외교라는 것이 있어서 본인에게 35퍼센트를 주는 것이다. 6000만엔이면 월 약2000만엔이나 되는 것이다.

재미있게도 그 세일즈맨은 비율외교가 아닌 단순한 세일즈맨이어서 월급은 5만엔 밖에 받고 있지 않았다. 그는 일이 재미있으므로 수입은 아무래도 좋다라고 했다. 그러던 중에 점점 욕심이 생겨 비율외교가 되었을 무렵에는 이미 손님이 없어져 버렸다고 한다.

이것은 특이한 예이지만 역시 증권회사가 중요시하는 것은 대량 매매를 하는 사람이다. 큰 증권회사일수록 그런 경향이 강하다고 해도 좋을 것이다. 게다가 큰 회사는 법인을 상대로 하는 곳이다. 일본에서는 주식 대부분을 법인이 갖고 있다. 생명보험회사 등은 작은 증권회사를 이용하지 않는다. 큰 증권회사에게 있어서는 이들이 큰 고객인 것이다.

그런 점에서 작은 증권회사는 각각 성격이 있다. 손님에게 손해를 입히지 않는다는 생각이 중심인 회사도 있다. 또 앞으로 성장해 갈 작은 회사에 흥미를 가지고 손님과 하나가 되어

이 주식을 사지 않으시겠읍니까 라고 권하는 회사도 있으므로 그런 회사에서 주식매매를 하여 성장기에 크게 번 사람도 있다.

큰 증권회사는 비특정 다수를 잡아 수수료를 버는 것이다. 반드시 회사의 정책이 있어서 '이 정도의 수수료는 올려야 한다'라는 책임량이 부가되어 있다. 그러므로 조금 올라가면 '팔아요'라고 하고 내리면 또 '이것 큰일이군요 팔아요'라고 한다. 그저 '사고' '팔기'를 우습게 보고 권하는 것이다. 그에 따르다 보면 투자가 쪽은 증권회사에 수수료만 벌게 해 주고 자신은 전혀 벌지 못하게 된다.

우리 집사람도 자신의 주식을 갖고 있는데 '팔아요 팔아'라고 시끄럽게 전화를 걸어오는 증권회사는 모두 그만 두었다. 최종적으로 중소 증권회사를 두세 곳 이용하고 있는 것 같다.

나도 자연스럽게 중소 증권회사를 통하여 매매를 하게 되었다.

그렇다고 해서 일괄적으로 '큰 증권회사는 그만 두시오'라고 말할 생각은 아니다. 다만 상대방의 경영정책에 이끌리게 될 가능성은 큰 증권회사 쪽이 강하다는 것이다. 증권회사에 특별히 아는 사람이 없으면 자신이 한번 해 보고 잘 되지 않을 때 회사를 바꾸어 보면 되는 것이다.

《구영한의 원포인트 어드바이스》
작은 금액의 투자가라면 큰 증권회사보다는 중소 증권회사를 통하여 주식을 산다.

6. 증권회사의 세일즈맨과는 어떻게 사귀면 좋을까?

아직 내가 주식 제일선에 있으면서 주간지에 자주 글을 써 오던 무렵 강연부탁을 받으면 반드시 '투자가가 경계해야 할 세가지 원칙'를 말했다.

제 1은 '증권세일즈맨의 말을 듣지 말라' 제 2는 '다우 평균을 신경 쓰지 말라' 제 3은 '추장주(推獎株)를 사지 말라.'라는 것이 그것이다.

그중 증권세일즈맨에 대해 말하자면, 세일즈맨은 주식시장에 출입하여 매일 시세를 보아도 주식에 대하여 알지 못한다. 만일 잘 알고 있다면 싼 월급을 받고 카운터에 앉아 손님에게 '네 네'하며 머리를 굽신거릴 이유가 없는 것이다.

기본적으로는 증권 회사의 사람은 주식을 모른다라고 생각하는 편이 좋은 것이다. 그점에 관해서는 옛날이나 지금이나 같다. 증권계의 사람은 방파제 옆에 서서 파도를 보고 있는 사람이다 라고 생각할 수 있을 것이다. 오늘은 파도가 높을 것인가 낮을 것인가. 그것 밖에 볼 수 없는 것이다. 가장 중요한 것은 조류가 흐르는 방향을 보는 것이다.

테이블 위에 서 있으면 테이블은 볼 수 없다. 테이블을 누를 수도 없다.

주식이 오를지 내릴지 알 수 없는 것이다. 그런 사람에게 '이 회사의 앞으로의 전망은 어떨까요?' '이 업계는 어떨까요

?'라고 물어 보았자 제대로 알 리가 없는 것이다.

나도 처음에는 증권회사에 상담하러 갔지만 도움이 되지 않는다고 생각하여 두번 다시 가지 않았다. 그들은 주식 매매에 도움을 주는 사람일 뿐 사고 팔기의 의견을 말해주는 사람이 아니다 라고 생각하게 되었던 것이다. 이것은 당연한 것이다. 대학을 나와 큰 증권 회사에 들어가 그대로 카운터에 앉은 남자가 다음 날부터 주식의 강의를 할 수 있을 리가 없는 것이다.

그들이 할 수 있는 것이 있다고 한다면 그것은 접수 뿐일 것이다. 그리고 상사나 회사 간부가 '이번에는 이렇게 가자'라고 한 것을 손님에게 권할 뿐이므로 메신저 보이와도 같은 것이다. 매일 칠판 숫자를 보고 챠트가 어떻다 괘선이 어떻다라고 해석한다고 해서 그들이 잘 알고 있을 것이라고 생각하는 사람이 많지만 나는 거의 그렇게 믿고 있지 않다.

내가 주식을 시작한 무렵 NHK의 부탁으로 '마이크 한 손'이라는 프로그램 취재를 위해 주식 시장에 간 적이 있다. 증권거래원에게 마이크를 내밀고 '당신은 번 적이 있읍니까'라고 물었더니 '네, 번 적이 있읍니다'라고 해서 '무엇으로 벌었읍니까'라고 또 물었더니 '토지로 벌었읍니다'라고 대답 하는

조류의 흐름=회사의 장래.

주식의 단가

세일즈맨은 주식 시장의 '파도 치는 옆'을 보고 있는 사람.

것이었다.

　그 이후 나는 주식투자를 하기 위해서는 자신이 노력하고 자신이 생각하는 것이 가장 바른 방법이라고 생각하게 되었다. 가령 누군가에게 배운다 하더라도 자신이 존경하고 있는 사람으로부터 배워야 할 것이며 세일즈맨에게 배울 것은 아니라고 생각하게 되었던 것이다. 그들을 만날 때는 '이 주식을 사 주시오'라거나 '이 주식을 이 가격이 되면 팔아 주시오'라고 부탁할 때이다. 그들에게는 그 이상의 아무런 말도 들을 필요가 없는 것이다.

　세일즈맨에게는 예스 · 노를 확실히 전한다.

앞에서 말한 일본 제일의 세일즈맨도 '이 주식을 사면 어떻겠읍니까'라는 말은 한 마디도 한 적이 없다고 한다. 그도 그럴 것이다. 몇백만주나 사는 그 길의 베테랑에게 그 말 한마디 했다가는 '풋나기가 무슨 말을 하는 거야'라고 무시 당했을 테니까. 그럼 무엇을 했느냐 하면 손님이 담배에 손을 대면 재빨리 불을 붙인다거나 하는 그런 서비스 역할을 그는 다 했던 것이다. 큰 거래를 하는 세일즈맨은 모두 그런 것이다.

대부분의 세일즈맨은 상대가 초보자라고 생각되면 다가간다. '이 주식이 좋습니다'라고 하여 사게 하고 값이 내리면 '팔고 이것으로 바꾸시지요'—그것에 일일이 귀를 기울이고 있다가는 시끄러울 정도로 전화가 걸려온다. 여기에 질질 끌려 가면 수수료만 벌게 해 주게 되고 그것을 알아 차렸을 때는 이미 반 정도는 손해를 보고 있다. 그러므로 증권 회사의 권유에 대해서는 분명하게 '예스' '노'라고 자신의 의사를 전해야 한다.

그렇게 하지 않으면 손해를 보았을 때 세일즈맨을 원망하게 된다. 자신의 의사로 깨끗이 포기할 수 있을 것을 질질 끌려 손해를 입은 자신을 탓하지 않고 남을 원망해서는 주식 뿐만이 아니고 무슨 일을 하든 잘 되지 않는다.

✛주식으로 벌기 위한 격언✛
장미를 꺾듯이 팔아야 한다. 장
미는 8할정도 피었을 때 꺾으면 오
래간다. 이와같이 주식도 최고 가격
바로 전에 팔아라.

반복하는 말이지만 세일즈맨은 주식을 살 때에 상담역이
아니라는 것을 단단히 머릿속에 넣어 두기 바란다.

《구영한의 원포인트 어드바이스》
세일즈맨은 기본적으로 주식을 모르므로 사무적인 대리인으로서만 이
용한다.

7. 도박에 강한 사람일수록 주식으로 벌 수 있는 가능성은 높은가 ?

태어나면서부터 운이 좋은 사람이 있다. 복권이 맞는 것은 아무리 생각해도 운이다. 나는 전혀 하지 않지만 경마나 경주도 운이 좋은 사람과 운이 나쁜 사람이 있다. 이것만은 이론으로 설명할 수 없다.

우리 둘째 아이가 제비뽑기에 운이 있다. 제비뽑기를 할 일이 있을 때는 '네가 가라'라고 하며 보낸다. 예를들면 맨션을 샀다. 300세대가 들어 있는데 차고는 30개 밖에 없다. 그래서 모두가 모여 제비뽑기를 하게 되었다. 그런 때에 둘째를 보내면 반드시 당첨이 되는 것이다.

분명히 운이 좋고 나쁜 것은 사람에 따라 다르지만 그것을 그대로 주식에 운용할 수는 없다. 주식투자에는 사고력이나 인내력 등 단순한 운과는 별개의 것들이 요구된다. 그런 조건이 전부 갖추어져 있고 게다가 운이 좋은 사람이 있을지 모른다.

주식투자에서도 운은 무시할 수 없는 것 같다. 역시 넓은 의미에서는 도박의 일종이니까. 사고력이나 인내력 모든 것을 통하여 투기 한다. 투기의 재미가 없다면 주식을 하는 사람이 없을지도 모른다.

그러나 반대로 이런 말을 할 수 있다. 도박은 운 이외의 다른 요소가 많이 들어 있는 만큼, 방법에 따라서는 매우 안정

성이 높은 도박이라고 할 수 있다. 밑천이 완전히 없어지는
경우는 드문 때문이다.

확률성이라는 점에서는 경마나 경주와는 본질적으로 다르
다. 경마나 경주에 한하지 않고 도박으로 억만장자가 된 사람
의 이야기를 들은 적은 없지만 주식투자로 부자가 된 이야기
는 얼마든지 있다. 억만장자는 그렇다 치고 주식으로 돈을 벌
어 빌딩을 세운 이야기는 결코 드물지 않다.

프로 바둑가로서 주식으로 돈을 번 사람이 있다고 한다. 나
는 바둑은 전혀 모르지만 이것은 납득이 간다. 장기도 마찬가
지겠지만 프로 바둑가는 이렇게 되면 저렇게 된다라는, 이론
적으로 추리하는 훈련을 쌓고 있는 것 같다. 게다가 한곳 뿐
만이 아니고 바둑판 전체의 흐름 속에서 생각한다. 때로는 꾹
참고 이때다 싶을 때는 과감하게 공격하여 나간다. 어림잡은
감과는 다른 것이다. 그런 것은 주식투자와 공통되고 있는 것
인지도 모른다.

《구영한의 원포인트 어드바이스》
주식은 안정성이 높은 도박. 단순한 갬블의 운이라기 보다 사고력과 인
내력이 요구된다.

처음 투자하는 사람이라도
성공할 수 있다

탄탄하게 벌 수 있는
상품 발견법·선택법

8. 처음 주식을 살 때 무엇을 단서로 상품을 정하면 좋을까 ?

실제로 주식을 사려고 하면 상장 회사 만도 1700개가 넘고 여러가지 업종이 들어 있기 때문에 처음에는 어디에서 부터 손을 대어야 좋을지 알 수 없다. 그러나 몇 가지 단서가 될 것이 있다고 생각한다.

예를 들면 자신이 근무하고 있는 회사가 있다. 인간은 자신이 잘 알고 있는 것은 안된다고 속단하는 경향이 있다. 결점을 알기 때문이다. 자신의 아내는 나쁘게 보이고 이웃집 부인은 좋게 보인다. 나폴레옹도 그 아내의 눈에는 결코 천재로는 보이지 않았을 것이다.

그런 의미에서 자신이 근무하고 있는 회사는 결점 쪽이 눈에 잘 띄어 좋은 점을 모른다. 반대로 말하자면 그 회사 사람들이 자기가 근무하는 회사의 주식을 사고 있는 경우는 거의 틀림없이 좋은 주이다. 그러므로 우선 자신 회사의 주식에 주목하여 사보는 것도 한 가지 방법이라고 할 수 있을 것이다.

여성의 경우라면 평소 자신이 사용하고 있는 것을 주목해 보는 것도 한 가지 방법이다. 세탁기나 부엌 용품이라도 좋다. 광고 등을 보고 사용해 보았더니 의외로 좋았다거나 할 때는 그 회사의 주식은 비교적 괜찮다고 생각할 수 있다. 젊은 사람이라면 자동차라도 좋다. 최근 A사가 내 놓은 새차는 평판이 좋다 라고 할 때에는 그 주식에 주목해 본다. 요컨대 우선

✚주식으로 벌기 위한 격언✚
명인은 천정에서 팔지 않고 바닥
에서 사지 않는다. 다른 사람도 최
고가, 최저가는 적중하지 못한다고
생각하고 투자하라.

자신의 생활 주변에서부터 시작하는 것이 좋을 것이다.

그 다음은 순수하게 세상의 움직임에 주목한다. 예를 들면 사무용 컴퓨터가 인기 있는 상품이 될 것 같다 라는 식으로 말이다. 길을 가다 보면 사무용 컴퓨터가 설치되어 있는 곳에 젊은 사람들이 많이 모여 있고 열심히 사용 해 보고 있으므로 이것은 이 다음 기술 혁명의 최첨단을 가는 것이 아닐까 라고 생각할 수가 있다.

또는 신문에 로봇트 기사가 나와 인간이 100명 매달려 하는 일을 한 대의 로봇트가 해 버린다 라고 쓰여 있으면 이것은 붐을 불러 일으킬지 모른다 라고 생각할 수 있다. 그것을 만들고 있는 회사는 어디인지 흥미를 가지고 조사해 가면 좋을 것이다.

그러므로 처음에는 너무 어렵게 생각하지 말고 자신 주변에서부터 주식에 관한 흥미를 갖도록 하고 자신이 직접 조사해 본다. 그렇게 하면 몇 개인가 동업종의 회사 중에서 자연스럽게 머릿속에 남게 되는 회사가 생기는 것이다. 그 회사의 주식을 사 보는 것이 좋을 것이라고 생각한다.

《구영한의 원포인트 어드바이스》
자신 회사의 주식이나 가까이 사용하고 있는 사물에 관련된 주에 우선 눈을 준다.

9. A사의 주식을 살 것인가 어쩔 것인가는 A사에 관한 정보중 무엇을 보고 판단하면 좋을까?

우선 그 회사에 관심을 가지는 것이 제일이다. 그렇게 하면 신문을 보아도 잡지를 보아도 곧 눈에 들어 오게 되는 것이다. 예를 들면 '시티'라는 차가 있다. 우리같이 나이 든 사람들이 보면 그렇게 큰 차는 안된다고 생각해 버린다. 키가 작고 중심이 낮은 유선형의 차 쪽이 좋다라고 쭉 생각해 왔으니까. 그리고 완전자동인 편이 움직이는데 간단하다고 생각하고 있는 것이다.

그러나 시티는 그런 우리들의 고정관념이나 상식을 깨 부수는 형이다. 모자처럼 생겨서 일일이 손을 사용하여 움직여야 한다. 그런데 그것이 젊은 사람들에게 폭발적으로 팔리고 있다. 그래서 '혼다'라고 하는 회사를 생각하게 만드는 것이다.

나는 좀 색다른 생각도 한다. 미·일 경제 마찰은 금후 더더욱 격렬해져 갈 것이다. 미국도 아마 가만히 있지 않을 것이다. 1년 동안이나 169만대라는 자동차 규제가 있었으나 그것을 다시 반으로 줄이지 않을 수 없다. 일본의 자동차 메이커로서는 큰일이다. 그 경우 혼다기연(本田技研)은 미국에 공장을 세워 내년에는 약 15만대를 현지에서 생산할 것이다. 그만큼 수출 규제를 받지 않으므로 그런 회사의 주식은 괜찮지 않을까 하고 생각할 수 있는 것이다.

노린 회사에 관심을 집중하고 우선 자신의 실감(實感)을 만들어라.

특별히 혼다기연이 아니라도 상관없다. 흥미를 가진 회사의 기사가 경제 신문이나 주식 잡지에 실리거나 하면 들여다 본다. 자연스럽게 눈에 들어온다. 기업이 미국에 어떤 식으로 진출하고 있는가 하는 텔레비젼 프로그램이 있으면 곧 채널을 맞추는 것이다. 그렇게 하여 점점 정보량이 늘어간다.

그러므로 어디를 어떻게 조사하면 가장 쉽게 알 수 있다 라는 이론은 없다. 그보다는 역시 문제 의식을 갖고 있느냐 없느냐 하는 것이다. 문제 의식이 있으면 정보는 자연히 머릿속에 들어온다.

프로가 되어 가면 주가는 패션으로 움직이므로 패션을 쫓아 가면 어느 즈음에서 고가가 되고 어느 즈음에서 저가가 될

✚주식으로 벌기 위한 격언✚
머리와 꼬리는 보내 준다. 최저
가＝꼬리로 사고, 최고가＝머리로
팔려고 욕심내지 말라.

지 알 수 있게 된다. 그러나 나는 그다지 패션 따위 신용하지
않는다. 그보다도 자신의 실감이라는 것을 존중한다.

과거에 일어났던 일이 반드시 또 일어난다면 세상에 어려
움은 없을 것이다. 같은 일이 일어난다 해도 실제로는 일어나
는 방식도 끝나는 방식도 그때그때 다르다고 생각해야 한다.
차 바퀴는 똑같이 돌지 모르지만 차 바퀴가 지나고 있는 곳은
다른 것과도 같은 것이다. 다만 같은 곳에서 돌고 있는 것이
아닐 뿐이다.

주식도 같은 의미에서 과거에 어땠는가 보다 오히려 이제
부터 어떻게 될 것인가를 자신이 짐작해 보는 편이 옳을 것이
라고 생각한다. 그 때 도움이 되는 것은 자신의 실감 밖에 없
다.

그러므로 패션 따위는 그다지 문제시되지 않는다. 경기가
나빠져 매상이 줄고 이익이 줄면 주가가 올라갈 가능성은 적
을 것이다. 그런 의미에서 주목한 A사의 업적을 보는 것은 중
요하다. 본래 욕심과 동행하는 것이므로 눈이 4개 있는 것과
같아져 A사의 업적은 자연스럽게 눈에 띄고 머릿속에 들어온
다. 중요한 것은 거기에서 생겨 나는 실감이다.

《구영한의 원포인트 어드바이스》
업적을 보는 것도 중요하지만 우선 그 회사에 관심을 집중하고 자신의
실감으로 사물을 보라.

10. 앞으로 성장할 회사, 안될 회사는 어떻게 구분할 수 있을까 ?

어떤 업종이 성장할 것인지 어떤지는 대개 상상이 갈 것이라고 생각한다. 알기 쉽게 예를 들어 말하자면 컴퓨터나 유전 공학이다.

공업 생산이라는 것은 거의가 생물의 연장선상에 있다고 생각해도 좋을 것이다. 컴퓨터는 인간의 두뇌와 같은 것으로 지금까지 두뇌가 해오던 일을 기계에게 시킨다는 움직임인 것이다. 유전 공학으로 인슐린을 만드는 경우도 본래 생물이 만들던 것을 유전자를 사용하여 인공적으로 만든 예로써 이것은 매우 새로운 일이고 앞으로 번성할 것이다 라고 생각할 수 있다.

남은 것은 그들을 행하고 있는 회사는 어디 어디고 어떤 회사가 가장 우수한가, 또는 가장 개성적인 곳은 어디냐 하는 것으로, 이것은 연구하는 중에 알게 된다.

그리고 지금까지는 별볼일 없었지만 시대에 따라 좋아지는 업종도 있다. 예를 들면 식료품이나 섬유가 부족하던 시대에 그런 일을 한 회사는 모두 돈을 벌었다. 그리고 이번에는 어느 정도 경제 사정이 발전되고 생활에 여유가 생겨 텔레비전을 비롯한 가정 전기 제품을 사게 된다. 한때 피아노를 사는 것이 일종의 유행이었던 적이 있다. 그 때는 악기의 주식이 매우 비싸졌던 것이다.

✚주식으로 벌기 위한 격언✚
언제라도 살 낙성(落城)의 약한
고개, 두려운 곳을 사는 것이 주식
이다. 여기가 상승의 전기라고 보이
면 두려워하지 말고 사라.

그러나 네집 중 한집은 피아노를 가지게 되자 이미 머리를
돌리게 되었다. 피아노를 사도 둘 장소가 없었고, 피아노는
수명이 긴 물건이므로 한대 사면 두 대 살 필요는 없다. 그러
므로 이제는 피아노 주식을 사는 사람은 별로 없다고 해도 좋
을 것이다.

그러므로 이런 시대의 변화 속에서 다음은 무엇이 좋을까
를 생각해 보는 것이다. 옛날에는 레스토랑에 대학 출신자는
일하지 않았지만, 외식 산업이 번창하게 되자 그런 곳에도 취
직하게 되었다. 그런 움직임을 주의 깊게 보고 있으면 다음에
는 이런 장사가 유행할 것이라고 자연스럽게 알게 될 것이다.
한편 여유도 생겨 그 시간을 외국 여행이나 레져에 활용한다.
외국 여행을 가는 사람은 늘기는 해도 줄지는 않는다. 그렇게
되면 레져와 관계있는 장사를 하는 회사의 주가가 비싸질 것
이 예상된다.

이 시대의 성장 산업은 시대에 따라 완전히 달라진다고 해
도 좋다. 생활필수품이 아니면 안되던 시대도 있었는가 하면
생활필수품 가지고는 안되는 시대도 있다.

지금은 말할 것도 없이 생활 필수품이 아닌 부분이 주목되
는 시대이다. 생활에 필요한 것은 거의 있다. 있어도 없어도

앞으로는 생활 필수품이 아닌 물건을 만드는 회사가 유망.

그다지 지장이 없는 것이 아닌, 모두가 돈을 지불하고 얻으려 하는 것이 무엇인지를 생각한다. 그것은 매우 어려운 것이지만.

　지금까지 일본에서 기장 우수한 재무내용을 갖고 있던 회사라 해도 언제 별볼일 없는 회사가 될지 알 수 없다. 시대의 변화에 따라 그 제품이 관심을 끌지 못하게 되어 팔리지 않으면 그것으로 끝인 것이다. 그런 회사는 얼마든지 있을 수 있을 것이다.

　결국 이런 회사가 성장한다 라고 판단할 기준을 세우는 것은 매우 어려운 일이고 공식적인 것은 있을 수 없는 것이다.
항상 시대의 변화에 관심을 기울이고 있는 수 밖에 별 도리가
없다.

《구영한의 원포인트 어드바이스》
　주변의 변화를 보면 생활 필수품이 아닌 것을 만드는 회사가 앞으로 유
망하다.

11. 주식은 확률을 중시하여 상품을 고르면서 밸런스를 유지하는 편이 좋은 것인가 ?

주식을 사려는 때 앞으로 그 회사의 업적이 좋아진다 라는 것은 하나의 큰 포인트임에 분명하다. 지금까지 적자였던 것이 흑자가 되면 주가가 몇배로 오른다. 그러나 주가가 오르는 것은 업적이 오를 때 뿐만이 아니므로 성가신 것이다.

예를 들면 어쩔 수 없는 하나의 회사라 할지라도 누군가가 새로이 맡으면 주가가 오른다. 아직 업적이 오른 것도 아닌데 가까운 장래에 좋아질 것이라는 인기가 주가를 움직이는 것이다. 또 큰 업적은 없지만 누군가가 사들이면 역시 주가는 오르는 것이다.

사기와 팔기의 밸런스에 의해서도 주가는 움직인다. '이 회사는 좋아질 것이다'라고 모두가 신용하여 자꾸 사면 신용이 커진다. 어느 정도까지 가면 반드시 팔기로 되돌아 청산하지 않으면 안되게 되는 것이다. 그 때 팔기가 많고 새로 사기가 적은 경우에는 아무리 회사의 업적이 좋아도 반대로 주식의 가격이 내려가는 경우도 있다.

그 외 정치적 불안이나 경제 이외의 요소가 주가에 영향을 미치는 경우가 있다. 그런 여러 가지 요소가 어떻게 움직일 것인가는 좀처럼 예상하기 어려운 것이다. 그러므로 열심히 연구해도 벌지 못하는 사람도 있고 반대로 아무 생각없이 크

주식은 최대한 세 가지 상품으로 승부한다.

게 버는 사람도 생긴다. 그것이 또 주식 시장의 재미다 라고 말할 수 있지 않을까.

아뭏든 예측 불허의 요인이 매우 많다. 모든 객관적 재료가 엉켜 꼭 오를 것이라고 생각하고 있던 것이 오르지 않는 경우도 있어 밸런스를 잃는 느낌이 되기도 한다.

그러므로 주식 위험 분산을 하는 것이다. 주식을 백여 종 정도 가지고 있는 사람은 어느 것이 오르고 어느 것이 내리는지 자신 스스로도 모르게 된다. 나의 의견을 말하자면 그렇게까지 될 정도라면 투자 신탁을 사는 것이 좋을 것 같다.

그러므로 한다고 해도 최대한 세 가지가 승부일 것이다. 그이상하면 주식이 서로 괴리되어 버린다. 是川銀藏씨도 세 가

지 상품을 했다. 본래는 한 가지 승부였는데, 세 가지 승부가
된 것은 표적이 정해지지 않았기 때문인지도 모른다.

루렛에서 1에서 36까지 전부에 걸어도 벌 수 없다. 무엇보
다도 재미가 없다. 극단적인 이야기로 1700가지 주식 전부를
균등하게 사도 절대로 벌 수 없을 것이다. 그러려면 '다우 평
균'이라는 주식을 사면 좋을 것이다.

주식의 재미는 안전을 생각하여 평균을 취하는 데 있는 것
이 아니다.

오다 노부나가(織田信長)와 같은 방법이 아니면 안되는 것
이다. 도꾸가와 이에야스(德川家康)처럼 안전 확실을 기하는
방법을 취할 바에는 처음부터 주식을 사지 않는 것이 좋다.
세상에는 이 외에도 돈을 벌 방법은 얼마든지 있으므로 주식
에 얽매일 필요는 없다.

앞에서도 말했듯이 기본적으로 주식에 적합한 사람과 주식
에 적합하지 않은 사람이 있는 것이다. 적어도 손해보지 않는
것만을 생각하고 있는 사람은 주식에는 적합하지 않다고 할
수 있을 것이다.

《구영한의 원포인트 어드바이스》
안전 제일을 생각할 정도라면 주식을 하지 말라. 불안정 속에서 분산을
생각한다면 세 가지 승부이다.

12. 주식을 재산이 되게 하려면 일류주를 오래 가지고 있으면 되는 것인가

주식의 말에 '알면 끝'이라는 말이 있다. 모두를 알아버리면 이미 끝이다 라는 의미이다. 오늘날 주식은 인간이 가지고 있는 자산 중 중요한 부분을 차지하고 있으므로 주를 가지고 있지 않은 사람 쪽이 오히려 적다. 크든 작든 거의 주를 가지고 있다.

내게 상담하러 오는 사람이 많이 있는데 그들은 나에게 '애써 만났으니 자신이 가지고 있는 주가 좋은지 어떤지 보아 달라'는 사람이 대다수 였다.

나는 주식의 움직임은 경제의 움직임과는 달라 항상 나의 판단이 바르다고 할 수 없다 라고 잘라 말한다. 그래도 그들은 좀처럼 그런 바램을 거두지 않는다. 개중에는 이웃 사람의 부탁까지도 받아 오는 사람도 있다. 오늘 구 선생에게 간다고 했더니 '그 사람은 주식의 신(神)이니까 어떤 주식을 사면 좋을지 물어봐 주세요'라고……

아무튼 자신이 가지고 있는 주 리스트를 꺼내는데 한 가지나 두 가지 상품 만을 가지고 있는 사람은 적었다. 위험 분산해야 한다는 마음이 있어 가늘게 여러 가지를 가지고 있는 것이다. 게다가 초일류라고 일컬어지는 주식만을 전부 모아 가지고 있는 사람도 있다. 토요다 자동차, 마쯔시따 전기, 하다찌… 그들을 30개나 50개 정도 가지고 있다.

✚주식으로 벌기 위한 격언✚
어부는 조류를 본다. 어부가 조
류의 흐름을 보고 어장을 찾듯이
투자도 시세의 흐름을 보고 파도에
탄다.

내가 '훌륭한 회사의 주식을 가지고 계시는군요'하고 하면
상대는 '그렇읍니까'라며 싱긋싱긋 웃는다. 그래서 '그것이 당
신의 최대의 결점입니다'라고 하면 깜짝 놀라 '어째서 입니까'
라고 되물어온다. '가지고 계신 주가 훌륭한 주라는 것을 모
르는 사람은 한 사람도 없겠지요. 모두가 알고 있는데 앞으로
또 주가가 올라갈 까닭이 없지 않읍니까?'

옛날에는 동경 전력이나 동경 벽돌 주식을 가지고 있으면
전기나 가스는 없어지지 않으므로 안전하다 라고 생각되었었
다. 500엔의 주식이 액면 그대로 1년에 8퍼센트나 9퍼센트 배
당이 있어 이자 면에서도 나쁘지 않았다. 즉 그런 주식을 자
산으로서 오래 가지고 싶어 하는 사람이 많았다.

그러나 세상 사람들이 자산주라고 하는 것도 시대가 지나
면 좋은 주인지 어떤지 알 수 없게 된다. 내가 처음 주식 투
자를 하려고 생각하던 1950년 대에는 모리나가, 메이지 등이
자산주였다. 모리나가라고 하면 캐라맬이고 이렇게 자산 내용
이 좋은 회사는 없다고 일컬어지던 것이었다. 칼피스도 업적
이 좋아 자산주 라고 생각되고 있었던 것이다.

일본 선박이 그렇게 생각되던 시대이기도 하다. 일청 방직
도 그랬었다. 하지만 요즘 모리나가나 일청 방직이라고 하면

✚주식으로 벌기 위한 격언✚
시세파악하는 기술이 빈약, 얇은
귀로 들은 정보나 시세를 보고 매
매해서는 적게 번다.

취직을 그만 두려는 학생이 많지 않은가. 게다가 모리나가는 무배(無配)로 전락하고 있다. 지금은 쵸코렛이나 아이스크림은 알고 있어도 '캐라멜'이라고 하면 '그게 뭔데 ?'라며 모르는 어린이가 많을 것이다.

그 정도로 격렬한 변화가 있었으므로 한 때 자산주라고 생각되는 것도 10년이 지나면 자산주가 되지 않을 우려가 충분히 있다. 나는 3년에 한 번 정도는 자신이 가지고 있는 주식이 시대에 맞는지 어떤지 다시 볼 필요가 있다고 말한 적이 있는데 최근에는 상품이든 무엇이든 싸이클이 짧아지고 있다. 기업의 라이프 싸이클도 짧아지고 있다.

그러므로 지금은 1년에 한 번은 검토할 필요가 있다 라는 말이다. 자신이 가지고 있는 주식은 시대에 맞는 것인가 어떤가, 이 회사의 업적은 안전한가 어떤가, 오히려 저쪽 회사가 낫지는 않은가를 생각하여 시시각각으로 바꿀 필요가 있다. 옛날처럼 손자 대까지 생각해서는 안된다.

1년에 한 번은 매우 심각하게 생각해 보는 것이다. 매일 올랐다 내렸다 하는 것에 마음을 써서는 주식투자로 돈을 벌 수 없다. 앞에서도 이야기했듯이 파도의 높고 낮음보다는 조류의 흐름이 어떻게 되어 있는지를 매일 살펴 보는 것이 바른 것이다. 그러므로 1년에 1회라는 것은 상징적인 의미인 것이지 어

느 일정 기간은 오히려 오름 내림 따위를 잊는 정도가 좋을
것이다.

《구영한의 원포인트 어드바이스》

자산주라고 일컬어지는 것은 시대에 따라 변한다. 1년에 한 번은 자신
이 가지고 있는 주식을 다시 본다.

13. 업계에서 우량이라고 일컬어지는 회사의 주식을 사면 반드시 벌 수 있을까

어느 업계에나 반드시 톱 상품이라고 일컬어지는 것이 있다. 자동차 업계라면 토요다 자동차일 것이다. 맥주라면 기린 맥주가 독주하고 있다. 그런 톱을 달리고 있는 회사의 주식을 사면 거의 틀림없는 것이다. 이것은 상식적인 범위에서 이해할 수 있는 것이다.

그러나 주식투자는 주가만 오르면 좋은 것이므로 형편없던 회사가 좋아지면 그편이 비율은 더 좋은 것이다. 톱을 뛰어넘는 세력이 있는 회사의 주식을 사는 편이 주식투자라는 의미에서는 오히려 환영할 만한 것이라고 할 수 있다. 예를 들면 동양공업이 한때 쓰러질 듯 할 때 모두가 두려워하여 주식을 사지 않고 반대로 팔기만 했다. 그러나 최악의 상황 속에서 가령 그 앞을 전망할 수 있는 일이 일어나면 그 주식은 세배, 네배로 오르게 될 것이다. 따라서 주식이라는 것은 무배(無配) 회사가 유배(有配)로 변해 가는 과정을 사는 것이다 라는 견해도 생기는 것이다.

주식 사는 방법은 상식적인 방법만 있는 것은 아니다. 톱 회사의 주식을 사면 분명히 틀림없다. 그러나 주식투자 그 자체가 본래 안정을 구하려는 생각이면 손을 대어서는 안되는 것이다. 이것은 투기이며 모험이기도 하다.

일류 회사의 주식을 사는 것은 상식이지만 번다고 단정 지을 수는 없다.

주식 시장은 회사의 자금을 널리 조달하기 위해 생긴 것으로 인간이 생각한 궤도로서는 상당히 우수한 것이지만 '나는 산업계에 자금을 제공하기 위해 주식을 사고 있다'라고 생각하고 있는 사람은 없을 것이다. 모두 어떻게 해서든지 돈을 벌 방법이 없을까 하고 생각하고 있는 것이다.

거기에는 여러 가지 방법이 있고 회사를 잘 선택하는 것도 한 가지 버는 방법인 것이다.

바둑에 정석이 있듯이 주식 매매에도 상식적인 방법이 있다 라고 가르칠 수는 있다. 일류 회사의 주식을 사두면 안전하다 라는 것은 그야말로 세상의 상식이며 정석일 것이다. 하지만 바둑은 정석 만을 외우고 있어서는 재미가 없고 또 이길 수도 없다. 이길 방법은 자신이 생각하는 수 밖에 없는 것이다.

톱 주식을 사는 것은 씨름에서 말하자면 샅바를 당기는 것과 같은 것이다. 샅바는 가장 강하기도 하지만 터무니없이 져 버리기도 한다. 나는 어느 편인가 하면 이 다음에 이길 역사

경제 전문가가 말하는 반대로 가는 것도 주식의 맛.

를 찾아 그런 주식을 사는 것이 가장 좋은 방법이라고 생각한
다.

 본래 이것은 장사가 될 것이라고 생각해도 되지 못하는 경
우가 있다. 주식투자도 마찬가지이지만 주식이라는 것은 단순
히 돈을 벌어 주는 것이다 라고 생각하는 것은 잘못인 것이다.
복권과는 다르다. 주식은 전체적으로 보아 일종의 추리소설이
다. 추리하는 재미가 있고 그것은 반드시 시간이 지나면 증명
된다. 그런 재미가 있는 것이다. 복권은 맞지 않으면 '뭐야'라
고 끝나 버리지만 주식은 조금은 맞는 것이다. 조금 빗나가는
경우도 있지만, 전혀 맞지 않아 몽땅 손해를 보는 경우는 드

✚주식으로 벌기 위한 격언✚
근원을 알 수 없는 말은 신뢰하
지 말라. '자네에게만 가르쳐 주는
것이야'라는 정보는 이미 알려져 있
는 것이거나 부정확한 것이다.

___

물다.

나의 경우도 맨 처음에는 세상 사람들과는 다른 방법은 없을까 하는 것에서부터 시작했다. 당시에는 투자 신탁이 막 시작되어 4대 증권회사가 각각 모은 돈으로 여러가지 주식을 사고 있었던 것이다. 4사가 공통으로 사고 있는 상품과 단독 상품이 있어 공통 상품은 어디고 한 증권 회사가 사면 높아져 다른 증권 회사가 득을 본다.

그런데 단독 상품이 비싸게 되면 자신 회사의 투자 신탁 값만이 올라가는 것이다. 그러므로 어느 증권 회사나 단독 상품에 힘을 쏟을 것이라고 생각했던 것이다. 일본 자석이나 대일본 제당은 야마이찌만, 그리고 또 이것은 노무라만 사고 있다라고 모두 발표되어 있었다. 그 중에서 비교적 값이 싸고 이것이라면 또 밀어올릴 방법이 있지 않을까 싶은 회사의 주식을 나는 사보았던 것이다.

경제 전문가의 말만을 듣고는 손해를 본다.

그로부터 얼마 뒤 소타이득(小打利得)씨와 텔레비젼 대담에 자리를 함께 한 뒤 돌아가는 차 안에서 처음으로 주식을 산 이야기를 하자 어떤 주식을 샀느냐고 물었다. 소타 씨는 일본 경제 신문 사장으로 주식에 대해서는 전문가였던 것이다. 일청제분, 노다정유 태당, 일본도구, 일본 유리 등을 샀다고 하자, '모두 구선생다운 속 상품이지만 일본 경제는 순조로운 추이를 보이고 있으므로 좀더 밖으로 나와 제 1급의 상품을 사 보시는 편이 어떨까요.'라고 말했고, 내가 '제 1급의 상품이란 무엇입니까'라고 묻자 조선이나 자동차주의 이야기를 했던 것이다.

전문가의 말이므로 그 뒤 일본 도기, 일본 유리 주식을 팔아 토요다 자동차 주식과 일정공의 주식을 샀다.

그러나 일본 도기나 일본 유리 주식은 쑥 올랐으나 겉 상품이라고 불리우는 주식은 전혀 오르지 않았다. 처음에 눈을 주었던 주식을 가지고 있었더라면 좋았을 것이다.

덕분에 그 뒤로는 경제 전문가가 말하는 것은 듣지 않는 편이 좋다 라고 생각하게 되었다.

전문가의 이야기는 경제 동향이 어떻게 될 것인가 하는 점에서는 참고가 될지 모르지만 경제의 동향과 주가의 움직임이 언제나 일치하는 것은 아니다. 일치한다면 경제의 움직임만을 보고 있으면 좋을텐데.

그러나 경제는 상향하는데 주가는 반대로 내려가는 경우도 있고 경제가 나빠졌는데 주가가 올라가는 경우도 있다. 또는 경제는 거의 움직이지 않고 있는데 주가만 움직이는 등 여러 가지 경우가 있으므로 단순한 형으로는 판단할 수 없는 것이다. 그런 어려움이 동시에 주식투자의 재미라고 말해도 좋을 것이다.

《구영한의 원포인트 어드바이스》
 톱 상품을 사는 것도 한 방법이지만 경제 전문가가 말하는 반대로 가는 것도 주식의 맛.

14. 주가가 높은 인기 상품을 사면 벌기 쉬운가 ?

값이 비싼 주식을 사면 돈을 벌 수 있다고 단정 지을 수는 없다. 주식은 맞추기가 매우 어렵다.

예를 들면 50엔의 주식이 40배인 2000엔이 되는 것은 모두가 그 가격만큼의 가치가 있다고 생각하고 있기 때문이다. 즉 팔기와 사기의 균형이 잡힌 것이 2000엔인 것이다. 그러나 2000엔이라는 것은 50엔에서 보면 굉장히 비싸다. 주가에 세력이 있어 '1만엔이 된다'라고 할 때는 2000엔도 싸게 보이지만 일단 이 회사는 위험하다라고 생각되면 2000엔의 주식이라도 50엔이 되어 버린다. 그러므로 2000엔의 주식이라는 것은 생각에 따라서는 산 꼭대기에서 계곡 아래를 보는 것 같아 고소 공포증이 느껴진다.

그런데 이상하게도 모두가 그렇게 인정한 주식은 위로 올라가는 경우가 많다. 인기주는 위로 위로 올라가려고 한다. 그리고 어디에선가 반드시 머리를 치게 되어 이번에는 아래쪽을 향해 가는 경향이 있는 것이다.

슈퍼마켓의 주식 등은 그것을 가장 알기 쉬운 주식이다. 성장을 계속한 시기에는 어디나 천엔마엔이나 된다. 몇번 증자해도 천엔마가 된다. 그러나 갑자기 경기가 나빠진 것도 아닌데 600엔이나 700엔까지 내려가 버린다. 앞에 비해 배당이 줄어든 것도 아니고 아무것도 아니다.

나는 십수년 전에 다이에도 슬슬 막다른 골목이다, 이제 성
장은 멈출 것이다 라고 말했다. 그랬더니 다이에의 사장이 사
람을 통하여 '구선생에게 전해 주시오. 아직 성장은 계속될
것이오'라는 말을 전해왔다. 나는 성질이 급한 편이다. 앞에
이런 일이 일어날 것이다 라는 경계심이 강하다.

예를 들면 레스토랑 체인을 하고 있는 회사의 주가가 최근
매우 비싸졌다. 내 생각으로는 커피나 샐러드를 팔고 있는 곳
이 어째서 2000엔인가 하는 느낌이 든다. 가게를 늘리면 그만
큼 사람을 늘려야 한다. 공장을 만들면 그만큼 대량 생산을
하게 되고 값이 싸지는데 레스토랑에서 먹는 것은 그렇지가
않다. 시장에 1톤밖에 없는데 2톤을 사려고 하므로 반대로 비
싸지는 것이다. 즉 스케일이나 메리트가 그다지 없는 장사이
다.

그러나 세상 사람들은 그런 것을 신경 쓰지 않으므로 주가
가 2000엔이 된다. 현재 그 값으로 언제라도 돈을 바꿀 수 있
으므로 2000엔이 잘못이라고는 할 수 없다. 그러나 문제는 여
기에서부터이다. 그럼 주가에 붙어 2000엔의 주식을 살 수 있
느냐 하면 내 경우는 심리적 저항이 강하여 도저히 살 수 없
다. 자신이 그렇게 생각하고 있는데 자신의 의지와 생각과는
반대로 주식을 산다는 것은 불가능한 것이다. 아무리 현실적

으로 주식이 비싸도 그 뒤를 꼭 붙어가면 불안하여 밤에도 잠을 이룰 수가 없다. 각각의 사람들이 자신이 납득한 형으로 주식을 산다. 납득하고 나서 비로소 살 수 있는 것이 주식이다.

물론 주식 시장에서는 배짱이 큰 사람이나 두려움을 모르는 사람에게는 이길 수 없다는 면도 있다. 몇일 전에도 어떤 사람을 만났는데 컴퓨터 서비스 주식을 5000엔이나 6000엔에 샀는데 그것이 7,000엔이나 되었다고 했다.

그러나 어느 정도까지 가면 우리들이 비판적으로 생각하고 있던 것이 현실이 될 것이다. '마사와 홈'이나 '다이와 하우스' 주식이 굉장히 비쌌던 시대가 있었다.

그런 회사의 주식이 천몇백엔 이라니 이상하다 라고 나는 생각했다. 특별한 선견성을 보인 것도 아니지만 역시 머리를 치고 값이 내렸다.

대개 보통 사람은 나와 마찬가지로 배짱이 작으므로 아무리 주가가 올라 모두가 좋다고 해도 자신이 납득할 수 없는 한 절대로 사지 않는 것이다.

《구영한의 원포인트 어드바이스》
인기를 따르는 경우에는 자신이 그 주식을 납득할 수 있는 점을 찾아라.

15. 인기가 없는 싼 주가의 상품은 사도 벌이가 되지 않는가?

지금 건설회사는 어디나 상당히 벌고 있다. 대자본 이익률로 말하자면 주가가 천몇백엔인 회사와 별 다름이 없다. 그런데 인기가 없다. 주가도 2백 몇십엔일 것이다.

드디어 오르는가 싶으면 그것이 어렵다. 오르나 싶으면 모두 사고 오르지 않는다 싶으면 사지 않는다. 대개의 사람들은 오르지 않는다고 생각하고 있으므로 지금 당장은 오르지 않을 것이다. 그러나 어느 정도까지 가면 반드시 수정 된다.

좀 더 철저하게 생각하면 모두 조선은 안된다고 생각하고 있을 것이다. 벌고 있는 회사의 주식이라도 150엔이다. 컴퓨터가 뜻도 알 수 없는 것을 만들고 있거나 아직 그럴 듯한 시장도 아닌데 로봇트를 만들고 있는 회사의 주식은 몇천엔이나 한다.

시세에 따라 가려는 사람은 몇천엔이라도 모두가 인정하고 있으므로 그 주식을 산다. 하지만 세상에는, 절대 그것을 따라가서는 안된다고 생각하는 사람들도 있는 것이다. 이미 20년 이상 지난 일이지만 일본 선박의 주식이 3십 몇엔이었었다. 그러자 후꾸야마현 사람과 아이찌현 사람이 속옷을 짧게 만들어 입는다 라는 구두쇠 작전을 가지고서 '소금 절임이 되어도 좋다'라는 취지로 사갔다.

나는 잘 웃는 편이므로 '소금 절임'이 될 동안 다른 주식은

✚주식으로 벌기 위한 격언✚
이자 먹기를 서두르지 말라. 손
해는 서둘러라. 오름 시세 일 때는
서둘러서 이자를 먹지 않는다. 그러
나 손해가 나면 재빨리 팔아라.

몇배가 될텐데 하며 안될 것이라고 생각했다. 그러나 그 주가
는 200엔, 300엔으로 올랐던 것이다.

주식은 자신의 성격에 맞추어 사는 수 밖에 다른 방법이 없
다 라는 말은 이를 두고 한 말이다.

이 주식은 오를 것이다 라고 해도 2000엔의 주식을 두려워
하는 사람도 있다. 고소공포증인 사람에게 '동경 타워 꼭대기
에 올라가 아래를 보라'라고 하는 것과 마찬가지이다.

각각의 성격에 따라 인기주를 따라가는 것도 좋고 반대로
우량 기업의 싼 주식을 사는 것도 좋을 것이라고 생각한다.
단 한 가지 말할 수 있는 것은 인기가 과열 상태일 때 주식을
사는 것은 좋지 않다는 것이다. 인간의 심리는 과열되어 있을
때는 반드시 좀 더 위로 올라가지 않을까 하는 생각을 하는
것이다. 그래서 끝까지 쫓아가고 싶어지는 것이다.

주식투자에는 자신을 누르는 극기심이 절대로 필요하다. 돈
벌이이기는 해도 정신 수양이기도 한 것이다. 돈벌이를 실현
하기 위해서는 상당한 자신감과 마음의 컨트롤이 필요하다.

《구영한의 원포인트 어드바이스》
붐이 과열 상태일 때는 손을 대지말고 자신의 성격에 맞는 매매법을 택
한다.

16. 첨단산업, 미래산업 등의 주식에 손을 대는 것은 위험한가?

　미래산업이라고 일컬어지는 회사 중에는 그것만을 전업으로 하고 있는 회사와 큰 회사가 옆에서 손을 대고 있는 회사가 있다. 컴퓨터 서비스라는 회사가 있는데 간단히 말하자면 컴퓨터 기술자를 가지고 있는 것이다. 컴퓨터를 가지고 있는 회사에 사람을 파견하여 일을 시키고 돈을 받는 것이므로 장사로서 그다지 특별한 것은 아니다. 다만 자본금에 비해 신장도 빠르고 비교적 돈도 벌고 있으므로 미래산업의 하나라고 생각되고 있다. 하지만 그 내용을 만일 좀 더 잘 확인하면 어떨까 하는 생각이 드는 면도 있다.

　그러므로 그 주식에 전 재산을 쏟아붓는 것은 두려운 일이다. 두렵지만 더 올라갈 것 같으면 가지고 있는 돈의 5분의 1 정도라면 좋을 것이다. 과거의 예를보면 그런 회사는 척척 성장하고 있는 동안에는 주가가 높으므로 투자액률은 좋을 것이다. 따라서 붙어가는 사람도 많다.

　대기업이 그 종류의 일을 하고 있는 경우도 주가는 인기적인 요소가 강하므로 주가에 영향을 미치는 경향이 있다. 예를 들면 가와자끼 중공업이 로봇트를 만드는데, 실제로 로봇트 매상은 전체의 10분의 1이다. 배쪽의 일이 많고 게다가 그 배의 일은 성적이 나쁘다. 그래도 로봇트는 화형 산업이므로 주가가 오르는 경우도 있다.

한편 히다찌 조선의 주식이 140엔 대로 회사 이익도 괜찮은데 어째서 이렇게 싼가하고 생각하고 있는 사람도 있다. 3년 정도 걸릴지도 모르지만 주가가 300엔이 되면 배율은 그다지 나쁘지 않은 것이다. 140엔, 150엔이면 아무리 내려가도 100엔까지는 가지 않는다. 1500엔이 500엔으로 내려가면 150엔이 100엔이 되는 것과는 사정이 다르다. 이런 견해를 가지고 있는 사람도 있다.

그렇게 되면 저 주식이 저렇게 비싸고 이 주식이 이렇게 싸면 이제 '소금절임' 각오로 갈까하며 사는 사람도 나온다. 10만주를 사도 1500만엔이다. 다른 것은 1500만엔이므로 1만주도 살 수 없는 것이다. 배당에서 보면 1만주 밖에 살 수 없는 주식의 배당은 10만주 살 수 있는 주식의 10배인 것도 아니다. 그러므로 양쪽의 안전성을 생각하면 싼 주식을 사는 편이 좋다라는 사고방식도 성립되는 것이다.

보면 알 수 있겠지만 다만 주가에는 인기라는 것이 있다. 따라서 150엔의 주식이 200엔으로 오르는 것은 어렵고 1500엔의 주식이 2000엔이 되는 것은 빠른 것이다.

새로 나온 성장 산업은 종종 인기가 집중되어 쑥 주가가 오르는 경향이 있지만 위험성도 있다. 어디까지 쫓아 올라갈 것

✚주식으로 벌기 위한 격언✚
오름 백일 내림 십일. 오름 시세
는 질질 시간을 끌며 올라 가지만
일단 다 뻗으면 예각적으로 내려간
다.

인가가 문제인 것이다. 예를 들면 다찌이시 전기의 경우는 무
접점의 스윗치에서 시작하여 마침내 카드로 돈을 은행에서
빼내는 기계까지 계속 만들어 내왔다. 그 동안 주가는 올랐으
나 그것은 오토메이션 장치의 개발이라는 첨단 산업을 계속
추구했기 때문인 것이다.

나 자신은 세상이 '이것은 제 1급의 회사이다'라고 보고 있
을 무렵에는 거의 눈길을 주지 않았었다. 그 다음에는 회사가
커질 것인가 하는 것에 일관적인 흥미를 불태워왔다.

그리고 현재와 같이 전체적으로 성장이 멈추자 이번에는
성장주라는 생각이 성립되지 않는다.

지금은 국제 상품의 시대라고 나는 생각하고 있다. 세계사
람들이 일본의 주식을 사는 시대이다. 외국인이 일본을 대표
하는 기업이라고 생각하고 있는 것은 어느 회사인가. 그것들
을 중심으로 주식을 사는 것이 옳을 것이라고 생각한다.

성장산업을 찾는 것도 좋지만 국제상품을 중심으로 생각한
다는 것은 현시대에 맞는 주식 투자 방법이다.

《구영한의 원포인트 어드바이스》
첨단 업종의 부분에 지나지 않는 대기업의 주식보다 그 한길을 걷고 있
는 회사의 주식이 보다 성장한다.

17. 불황업종이라고 일컬어지는 업계의 주식에는 손을 대지 않는 편이 현명한가

　주식투자에는 업적을 보는 것도 중요하지만 유행이라고 할까 인기 투표적인 요소가 강한 것이다. 그러므로 언제나 나는 주식 투자는 미인 콩크루라고 말한다.

　은행 사람이 기업에 돈을 빌려줄 때는 의사가 미인을 나체로 만들어 진찰하듯이 기업을 진단한다. 의사는 이 사람은 겉보기에는 미인이지만 몸은 어디어디가 나쁘다 라고 판정한다. 그와 마찬가지로 이 기업은 위험하다거나 이런 결점을 가지고 있다거나 하는 나쁜 곳을 발견해 내는 것이 은행원이다. 그러나 주식투자에는 미인 콩쿠르 일면이 있으므로 아름다운 복장을 입고 나오면 '아아 아름답다'라고 표를 던지는 사람이 나온다. 그러므로 은행원은 주식을 사도 돈을 벌지 못하는 경우가 많다.

　인기 투표하면 모두가 '이것은 인기있는 업계이다'라고 하거나 '인기있는 회사다'라고 생각하는 편이 좋은 것이다. 그러나 반복하는 것 같지만 주식으로 번다는 것은 인기투표의 경우 인기를 얻은 것만이 그렇게 만드는 것은 아니다. 모두가 지나쳐 버린 회사라도 조금 좋아지면 반드시 주가가 3배 5배가 되는 것이다. 당연 그런 회사의 주식을 전문적으로 사는 사람도 있다.

　상태가 좋은 업계는 흔들림이 심하므로 쑥 인기가 올라 3000

엔으로 올랐다 싶으면 다시 내려 2000엔이 되기도 한다. 150
엔의 주식은 좀처럼 100엔까지 내리지 않는다. 그러므로 인기
있는 업계가 반드시 좋다고 단정지을 수는 없다. 붐을 타도
언제 도산할 지 알 수 없는 것이 회사이다. 슈퍼마켓 업계가
쑥쑥 성장한다고 해서 언제까지고 계속 그럴 것이라고는 말
할 수 없는 것이다.

불황 업계라도 급속도로 성장하는 회사가 있다. 어떤 계기
가 있으면 10배 정도 벌 수 있는 일이 생기게 되고 그렇게 되
면 150엔의 주식이 곧 300엔이 되어 버린다.

是川銀藏씨가 환선석유를 산 이유

지금 석유 업계는 불황이라고 일컬어지고 있으나 소득이
일본 제일이 된 是川銀藏씨는 환선석유를 샀던 것이다. 是川
씨는 혼다기연과 불이가(不二家)와 환선석유 3가지 상품을
사고 있다. 혼다와 불이가까지는 이해가 가지만 환선석유는
어째서 산 것일까 좀 이해가 가지 않는다. 잡지의 강연회에서
그 점을 물어 보았다.

是川씨의 말에 의하면 우선 제일로, 85년 무렵에는 천연 가

불황업계라도 인기 투표 상위의 회사는 있다.

스 파이프가 소련에서 유럽까지 연결됨으로 유럽에 있어서 석유 수요가 감소된다. 그렇게 되면 석유는 아마 1배럴에 20달러 가까이 내려갈 것이 아닌가 라는 말이었다.

두번째는 엔 시세이다. 올해(1983년) 말에는 220엔으로 내려, 내년 후반에는 200엔 혹은 100엔 대가 될지도 모른다는 것이다. 이것은 나도 납득이 간다. 내년 후반에 만일 200엔이 된다고 한다면 그만큼 2할 차이가 나는 것이다. 그리고 26,7달러의 석유가 20달러로 내려 가면 그만큼 또 1할 2할차이가 날 것이다. 엔고와 양쪽을 합쳐 6할 정도가 된다.

한편 사물의 가격은 거기까지는 내려가지 않는다. 그렇게 되면 환선 석유는 벌게 되고 지금 있는 6500억엔 정도의 빚은 눈 깜짝할 사이에 없어진다. ─ 是川씨는 그런 발상으로 환

✚주식으로 벌기 위한 격언✚
천정 3일. 바닥 100일. 시세가 고
가에 있는 기간은 짧지만 저가에
있는 기간은 훨씬 길다.

선석유의 주식을 산 것이다.

그러나 나는 만일 환선석유가 회복된다면 같은 석유 업계로 6500억엔이나 되는 빚을 가지고 있지않은 회사 쪽이 훨씬 회복이 빠르지 않을까 하고 생각한다. 만일 환선석유의 300엔의 주식이 1000엔이 된다면 동아 연료의 주식은 얼마가 될까.

요컨대 한 사람 한 사람 모두의 발상이 다른 것이다. 20년 전 일본 경제의 스케일이 아직 작았을 때에 나는 성장하는 회사의 주식을 샀다. 앞으로 일본 경제 규모 자체가 점점 커져 갈 것이라는 생각이 기본이 되어 있었기 때문인데 그 무렵 나와 같은 사고방식으로 주식을 사는 사람은 매우 드물었던 것이다.

하지만 수년 전부터 나는 그 사고방식을 버렸다. 최근에는 경기·불황의 변화 속에서 큰 파도와 작은 파도의 교차가 일어나고 있기 때문이다. 지금은 큰 파도이지만 이것은 작은 파도가 될 것이다 라거나 지금은 벌지 못하고 있지만 어떤 시기가 오면 이번에는 크게 벌게 될 것이다 라는 짐작으로 주식을 사는 것이 지금 주식 매매의 본명(本命)인 것이다.

《구영한의 원포인트 어드바이스》
경제는 큰 파도 작은 파도의 반복, 업종으로 단순하게 판단하지 말고 어디까지나 회사 단위로 생각한다.

18. 대형주라고 일컬어지는 것을 사면 확실하게 벌 수 있는가 ?

대형주라고 하면 상당히 믿음직스러운 느낌이 들지만 대형주가 반드시 우량주라고는 할 수 없다. 시대와 함께 우량주에 대한 사고방식이 변하여 대형주·소형주로 나누는 것이 별다른 의미를 가지지 않게 된 때문이다.

신규로 일부 시장에 상장하는 기업은 지금은 자본금이 10억엔 이상이 아니면 안된다. 그러면 자본금 10억엔인 회사는 소형 분류에 들어가므로 그 회사의 주식은 소형주가 된다. 이에 비해 기존 상장회사에는 자본금이 100억엔이나 500억엔인 회사가 있다. 이들은 그야말로 대형이므로 그런 회사의 주식은 대형주가 되는 것이다.

내가 주식투자를 시작할 무렵은 상장회사는 자본금 1억엔부터였다고 생각된다. 우리들이 산 것은 그런 소형주였던 것이다. 그 무렵에도 대형 회사가 한 번에 배액(倍額) 증자하는 경우는 그다지 없었다. 성장하고 있는 소형 회사는 자본금 1억을 2억, 2억을 4억, 4억을 8억이 되는 식으로 배 증자를 반복했던 것이다.

그때마다 50엔을 불입하면 한 주가 2주로 되는 것이다. 주가가 300엔이나 500엔 하면 굉장한 벌이가 되는 것이다.

그에 비하면 대형주는 배액 증자도 없고 주가의 움직임도 별로 없다. 주주의 6할이나 7할은 주식을 재산으로서 가지고

✚주식으로 벌기 위한 격언✚
2일 매매는 어지럽다. 월초의 매
매가 2일부터 시작되면 그 달의 시
세는 어지럽다는 징크스.

있는 안정 주주이다. 주가가 배가 되면 팔 것인데 종합하여
보면 팔러나오는 주식이 적다. 예를들면 신일철의 주식을 1천
만주 사도 조금도 주가는 움직이지 않는다.

그러나 자본금 1억엔 정도 회사의 소형주면 주식 발행수가
적으므로 10만주 사도 값이 오른다. 그러므로 성장주 시대에
는 한 번 벌려면 대형주 따위를 사서는 안된다 라고 모두가
생각하고 있는 것이다.

그때까지는 업적이 안정된 큰 회사의 대형주가 우량주라고
생각되고 있었다. 대형주만 사면 안전하다 라는 사고방식이
상식이 되어 있었다. 그에 대해 나는 '성장주 이론'을 주장하
였고 또 실행했던 것이다.

이미 말한 것이지만 일본 경제는 앞으로 성장해 간다. 이미
성장한 회사의 주식은 이제 매력이 없다. 주식을 사려면 앞으
로 출세할 소형주 쪽이 좋을 것이다 라는 사고 방식이 기본이
었다.

이 사고 방식은 그 후 투자가 사이에서는 상식화되었다. 그
에 비해 대형주는 오른 주이다 라는 사고 방식이 강했다. 성
장성이 있는 소형 주식은 500엔이나 700엔 하고, 팔번제철(현
신일철) 주식 따위는 50엔, 60엔을 마크하던 시대가 있었던
것이다. 그러므로 그 무렵에는 대형주·소형주 라는 구분은

매우 중요한 의미를 지니고 있었다.

그런데 지금 세계 사람들이 일본 주식을 사는 시대가 되어 보니 소형주 따위는 알 수 없는 것이다. 외국인에게 미야쯔지 철공이라고 해도 알턱이 없다. 몇 번이나 이야기했듯이 일본의 국제 상품이라고 하면 세계 속에서 팔리고 있는 상품을 만들고 있는 회사의 주식 뿐이다. 즉 일류의 대형주라는 것이다.

대형주는 1엔이나 2엔 오르는 것도 큰 것이다 라고 일컬어졌었는데, 이번처럼 하루에 20엔이나 30엔 오른다는 것은 지금까지는 생각할 수 없던 일이 이 3, 4년 동안에 일어난 것이다. 최근에는 히다찌 등이 그 전형적인 예라고 할 수 있다.

이렇게 되면 대형주 · 소형주라는 구분은 무대 뒤로 퇴장하고 인기있는 주식, 인기없는 주식 만이 문제가 된다.

대형이냐 소형이냐는 이미 관계가 없다. 그러므로 대형주가 어떻다 하는 의식을 가질 필요가 없다고 말할 수 있을 것이다.

《구영한의 원포인트 어드바이스》
  대형주 · 소형주라는 구분은 성장 경제 시대의 것. 지금은 국제적으로 인기가 있느냐 없느냐가 중요한 갈림길.

19. 가지고 있는 주식은 만에 하나 있을 일을 생각하며 다업종에 걸쳐 커버하는 편이 좋은가?

주식 사는 방법에도 당연 사는 사람의 성격이 나타난다. 예를 들면 앞으로 비싸질 듯한 주식을 태연하게 살 수 있는 사람은 싼 주식 따위는 우스워 사지 않는다. 반대로 안전을 생각하여 싼 주식만 사는 사람은 쑥쑥 뛰어 오르는 주식은 사지 않는다. 이것은 성격이므로 그런 사기는 할 수 없는 사람에게 '이런 식으로 사라'라고 말해도 무리인 것이다.

주식의 업종에 있어서도 시대의 첨단을 가는 화협 회사의 주식을 좋아하는 사람은 우선 컴퓨터 주식을 산다. 그리고 로봇트나 금융 파이넌스를 사보고 싶어한다.

파이넌스는 값이 비싼 주식이 되었으나 종래의 은행과는 다른 형의 고리대금업이나 리스를 하고 있는 회사이다.

은행의 돈과는 전혀 다른 돈의 움직임이 새로이 발생하고 있는 것이다. 그리고 이것이 성장업으로 보여지고 있다. 셀러리롱 자동차롱을 전문으로 하고 있는 회사라도 자산 내용은 은행에 미치지 못하지만 은행의 주식이 300엔인데 비해 그쪽은 1000엔대인 것이다.

견실하게 주식을 사고 싶은 사람은 기까지마 건설이나 삼능 중공업이나 마쯔시따 전기에 눈을 돌린다. 또 소위 '와이드 스크린'으로 무엇이든 시각에 담는 사람도 있다.

✚주식으로 벌기 위한 격언✚
산이 높으면 계곡도 깊다. 시세
는 상승과 하강을 반복한다. 게다가
오름이 높을수록 그 내림의 폭도 커
진다.

모두가 성격인 것이다. 다만 공통적으로 말할 수 있는 것은 누구나 '두렵다'라는 기분을 가지고 있다는 것이다. 그러므로 만일에 하나 전멸하지 않도록 분산하여 실시한다는 기분이 강하다. 때문에 하면 할수록 가지고 있는 주식의 종류가 많아지는 경향이 있는 것이다.

구태여 내가 어드바이스를 한다면 해마다 한 번은 자신을 경계하여 상품 정리를 하라는 것이다.

한동안 주식투자를 하다가 정신을 차려보니 몇십 종류나 되는 주식을 가지고 있었다 라는 사람이 결코 드물지 않은 것이다. 이것이 좋을 것 같아 산다. 전에 산 주식은 아직 내린 상태이므로 팔고 싶지 않다. 그것은 점점 증가하여 콜렉션처럼되어 버린다.

그런 사람에게 나는 '이것은 마치 자신이 투자 신탁을 하고 있는것 같군요'라고 높여준다. 성격을 바꾸는 것은 무리겠지만 가지고 있는 주식을 정리하는 것 정도는 누구나 할 수 있는 일일 것이다. 하지만 이것이 본인의 일이 되면 어렵다.

《구영한의 원포인트 어드바이스》

가지고 있는 주식의 종류는 자연히 늘 것이므로 지나치게 늘어난 주식은 일년에 한 번 수를 정리한다.

20. 특정 상품을 사두면 확실하게 벌 수 있을까 ?

우선 특정 상품이란 어떤 주식인가 설명하겠다.

주식 시장에는 업계에 따라 각각 거래장소가 정해져 있고 그 장소를 포스트라고 부르고 있다. 거래소 큰방 맨 끝에 '특정 포스트'라고 불리우는 장소가 있고 여기에서는 한 일정기간 중 전 포스트가 취급하는 회사의 주식 중에서 가장 대표적인 것을 선택하여 매매하고 있다. 이것이 특정 상품이다. 그 시대의 주식 시장을 대표하는 주식이라 말해도 좋은 것이다. 그날의 주가가 높으냐 낮으냐 하는 전체 시세를 대표하고 있는 주라고 생각할 수 있다.

20수년 전 「성장주 이론」이라는 것을 내세워 주식 시장의 상식에 도전했을 때, 나는 막하와 같은 주식을 빈번하게 권장하였다. 모두가 좋아하는 자산주 따위를 상대로 하지 않았다.

그러나 지금 되돌아 보면 그 무렵 내가 이것이 좋다라고 말했던 회사가 지금 인기있는 일류 회사가 되어 있다.

그럼 현재는 어떤가 하면 특정 상품은 신문 맨 위의 상자에 둘러싸여 있고 특별 우대를 받고 있지만 일본인 뿐 아니라 외국인으로부터도 주목 받고 있다. 가령 우리들이 미국의 주식을 사는 경우 IBM이나 제록스나 포드나 GE나 그 클라스의 상품 정도밖에 모른다. 그와 마찬가지로 외국인도 우리들이 알고 있는 일본 회사의 주식만 사려고 한다. 특정 상품은 그

✚주식으로 벌기 위한 격언✚
주가는 본래의 옛 둥지로 바뀐다.
시세에 싸이클이 있듯이 상품의 주
가도 오르고 내리면서 과거의 가격
으로 돌아간다.

런 일본을 대표하는 주식 같은 것인 것이다.

최근 3년동안 만큼은 특정 상품이 주식 시장의 중심이 되
던 일은 없다. 지금은 인기가 거기에 집중되어 있다.

신문의 주식환에도 실제로 세계 속에 알려져 있는 주식이
나란히 있다.

토요다, 후지 필림, 일본전기… 이외에도 많으나 모두가 그
업계의 대표적 기업이다.

그럼 특정 상품을 사면 틀림이 없는가 하면 그것은 뭐라고
말할 수 없다. 주가는 움직이고 있는 것이므로 싼 곳에서 사
면 벌 수 있지만 지금이 싼 것인지 어떤지를 판단할 필요가
있다. 특정 상품이라고 해서 그 예외는 아니다.

《구영한의 원포인트 어드바이스》
특정 상품이란 벌 것을 약속해 주는 것이 아니고 외국인에게 인기가 있
는 주식이라고 생각하면 좋다.

21. 1부 상장주 이외에 장래 성장주(成長株)를 어떻게 찾아 내면 좋을 것인가?

내가 「성장주 이론」으로 주식을 사던 시대에 주식을 산다는 것은 작은 회사가 커지는 과정을 사는 것과 거의 같았다.

이것을 정리하면 전항에서도 말했듯이 씨름으로 치자면 장사에게 눈을 주는 것이 아니고 그 아래의 역사에 장래를 사는 것이다. 그 무렵 내가 눈을 주던 회사도 지금은 어엿한 자리를 해내고 있는 회사가 몇 개나 있다.

예를들면 구리다(栗田)공업이다. 나는 이 회사의 주식이 아직 점두주(店頭株)로서 막 나왔을 무렵에 산 적이 있다. 왜냐하면 공업의 발전에 의해 수(水)처리라는 분야가 금후 큰 사업이 될 것이라고 생각했기 때문이다. 올가노나 에버라인필스라는 회사와 나란히 구리다 공업은 그 새로운 상사의 챔피언이 되었던 것이다.

나는 점두주에는 미래에 꿈이 있다라고 주장하고 있었다. 다찌이시 전기가 그랬고 아주 최근 인기가 있었던 군영(群榮)화학도 오랫동안 점두주였다. 내가 한 20수 년전에 산 주식은 모두 그런 회사였던 것이다.

천대전(千代田)화공 건설도 그 무렵 동료를 10명 데리고 매월 한 사람 당 2만엔씩 내어 산 주식의 하나이다. 처음에는 250엔 정도였으나 아직 이쪽은 초보자였으므로, 주가(株價)가 높은 것인지 낮은 것인지는 몰랐지만 그런 것을 무시하고

매달 하루의 첫 시작 가격으로 샀던 것이다. 5년 동안 매달
계속 사자 주가가 크게 올라 그것만으로 집을 지은 사람도 있
었다.

  그러나 실제로 점두주를 사는 것은 상당히 위험한 것이다.
사도 이번에 팔아야지 라고 생각한 때에 팔 수 없거나 한다.
500엔에 산 주식이라도 살 사람이 없으므로 30엔에도 팔 수
없다.

  2부의 주식에도 같은 경향이 있다. 프로가 아니면 그다지
권할 수 없다. 그러므로 처음 주식 투자를 하는 사람은 이것
을 사서는 안된다라고 까지는 말할 수 없지만 하기 위해서는
그 나름대로의 각오가 필요하다.

  나는 점두주도 2부의 주도 많이 샀다. 경제는 어떤 방향으
로 움직인다 하는 것이 대강 머릿속에 있고 이 회사는 성장할
것이다 라는 결론이 나면 그 주식을 샀던 것이다.

  주식투자 방법으로서는 그때까지 상식에 없었던 방법이었
다. 이것이 일세를 풍미한 원인이었다고 생각한다. 지금까지
도 사고 방식으로서는 같지만 성장할 기업 그 자체가 적어졌
다. 성숙 사회가 도래하여 성장 회사를 찾는 것이 어렵게 되
었고 가끔 있어도 모두가 잘 알게 됨으로 옛날과 같이 돈을

아마츄어가 점두주에 손을 대는 것은 위험.

벌 찬스는 적어지게 되었다.

　옛날이라면 100엔이나 200엔이었을 주식이 곧 몇천엔이 되어버린다. 초보자는 두려워 좀처럼 쫓아갈 수가 없다.

《구영한의 원포인트 어드바이스》
　점두주나 2부주를 살 때는 내렸을 때에도 팔 수 없는 경우가 있다는 것을 각오해 둔다.

22. 투기 매매의 대상이 되는 주식이나 정치 상품을 타고 잘 벌 수 있는 방법은 없을까?

세상에는 주식으로 한밑천 잡으려는 투기가가 많이 있다. 이 무리는 한 가지의 주식을 겨냥한다. 이 회사의 업적이 좋으니까, 곧 증자를 할 것이니까 하는 이유에서가 아니다. 경영자가 자사 주식에 관심이 없기 때문에 주식이 매우 싼 상태에 방치되어 있거나 부동주가 많아 그 회사의 주식 과반수를 살 수가 있는 상태이거나 하면 겨냥하는 것이다.

대개 경영에 틈이 있는 회사라고 생각해도 좋을 것이다. 주식의 장래성은 없어도 부동산 등 소위 '함유(含有) 자산'이 많이 있는 회사가 겨냥되기 쉬운 것이다. 그 주식을 누군가가 사모으는 것을 '투기매매가 붙었다'라고 하는데 투기 매매를 하는 사람은 상당히 오랜 동안에 걸쳐 산다.

투기 매매의 대상이 되는 주식이라도 실주(實株)만을 모으는 경우는 비교적 문제가 간단한 것이다. 대개는 주식을 사모은 사람과 경영자와의 절충으로 결말이 나는데 경영자 쪽이 회사를 놓치기 싫으면 되산다. 그러므로 주식을 샀던 사람이 벌게 되는 것인데 그것은 어쨌든 당사자끼리의 문제인 것이다.

그러나 주식 중에는 '신용 상품'이라고 하여 자신이 주식을 가지고 있지 않은데 주식을 살 수도 있고 팔 수도 있는 제도

✚주식으로 벌기 위한 격언✚
계란이 생길 때까지 계란을 사지
말라. '…같다' '…인 것 같다'라는
정보에만 의지하여 수식을 사지 말
라.

가 있다. 이 제도는 팔기와 사기의 밸런스를 잡기 위해서 라
는 대의명분이 붙어 있으나 역시 기본적으로는 투기인 것이
다. 실제로 가지고 있는 주식을 팔거나 사거나 하는 것이 아
니기 때문이다.

예를 들면 어떤 주식이 이상하게 비싸진 때 주식을 가지고
있지 않아도 '이런 고가가 있는가'하며 빈것 팔기를 할 수 있
다. 빈것 팔기를 한 사람은 반드시 6개월 후에는 되사야 한다.
그때까지 사는 사람이 계속 들어와, 사서 팔고 싶지 않아 그
대로 가지고 있었으면 판 사람은 어딘가에서 하므로 이 비싼
주식을 사는 수 밖에 없다. 결국은 파는 쪽이 손해를 보고 사
는 쪽이 벌게 되는 것이다. 물론 반대의 경우도 일어난다.

파산하기 쉬운 빈것 팔기의 위험성

오오사까에 나까야마 제강소라는 회사가 있는데 철강회사
중에서는 자본금이 가장 작았다. 여기에 사사가와 요이이찌
(笹川良一)씨 일족이 사기를 넣은 적이 있었던 것이다.

이 나까야마 제강소의 주식은 언제나 빈것 사기가 들어 와
서 빈것 팔기를 하는 사람이 있었다. 빈것 팔기를 할 때 주식

몸에 걸친 것 까지
몽땅 가져가 버렸다.

투기 매매 대상주식 다시 사기

투기 매매 대상주식에 사는 사람이 몰리면 주가는 급격히 오른다.

이 부족해지면 나까야마 철강의 사장이나 일족에게 가서 주
식을 좀 빌린다. 그것을 팔아 두고 한동안 지나 값이 내렸을
때에 다시 산다.

나까야마 제강소 일족은 주식을 빌려주고 돈을 버는 것이
다. 놀고 있는 주식으로 돈을 버는 것은 좋은 일이라고 생각
한다.

거기에 사기가 들어오고 모두가 흉내를 내어 계속해서 산
다. 그 때문에 보통은 500엔이 상식인 주식이 700엔, 800엔으
로 쑥 쑥 올라간다. 1할 정도밖에 배당하고 있지 않은 회사의
주식이 그렇게 올라갈 이유가 없다 라며 세미 프로 무리들이
빈것 팔기를 하는 것이다.

✚주식으로 벌기 위한 격언✚
뭐뭐 할 것이다 라는 투자는 사
지 않는 투자. 의심이 쌓여 자신의
판단에 조차 자신이 없어지면 주식
은 그만 두는 편이 좋다.

그때 내가 알고 있는 증권회사에서 손님 한 명이 나까야마 철강소의 주식을 5천주 빈것 팔기를 했다. 한 주당 1000엔에 팔았다 해도 2천엔의 차이가 나 5천 주를 되사는데 1000만엔의 적자가 났다. 20년 전이다. 1000만엔이 있으면 시내에 훌륭한 토지가 달린 집을 살 수 있는 것이다. 주식을 팔 때는 보증금만 걸면 되므로 500만엔 팔고 3할 정도인 백오십만엔만 있으면 집을 살 수 있게 된다.

나까야마 제강 때는 팔 주는 전부 사 실제로 산 주쪽이 발행주 수보다 많았다. 그 단계에서 스톱하여 이번에는 거래소에 당사자들이 모여 상의한다. 이것을 '풀기'라고 부르고 있다. 산 사람에게 얼마를 배상할 것이니 계산해 달라는 등의 여러 가지 형으로 결착을 내는 것이다. 그러나 3천주나 5천주 정도의 사람은 상대해 주지 않는다. 빈것 팔기 한 사람은 자신이 되사는 수밖에 없다. 그 사람은 실제로 집을 날리게 되는 것이다.

주식투자는 어디까지나 자신의 페이스로 실시해야 한다.

자신의 힘이 아닌 요컨대 투기의 힘에 의해 오르는 것은 오르기는 빨리 오르지만 한 발 잘못 디디면 큰 곤혹을 치룬다. 나는 아무리 '타면 번다'라는 말이 있어도 절대로 하지 않는다. 주식은 자신의 페이스로 해야 하는 것이며 세상 사람들의 페이스에 타는 것은 매우 위험하다.

투기 매매 대상의 주인가 아닌가는 대강 알 수 있다. 배당금에 비해 주가가 이상하게 높거나, 물품이 없고 고가로 매매되는 주식은 투기 매매 대상의 주식이라고 생각해도 좋을 것이다. 투기 매매 대상의 주식은 위험하다는 것을 알아도 그것을 사고 싶은 마음이 생기는 것을 억누른다는 것은 매우 어렵다. 이것도 정신 수양이라고 생각해 주기 바란다.

정치 상품이라고 불리우는 것도 불확실한 것이 많다. 선거가 가까워 어떤 주식이 100엔이나 200엔 움직이면, 이것은 그 어떤 파가 사서 몇억엔을 벌었다 라는 이야기가 전해지지만 그것은 수상한 것으로 봐야 한다. 대체로 정치가는 경제에 대해 모르는 것이 많으므로 어떤 주식이 매력을 갖고 있는지 알 턱이 없는 것이다.

삼광 기선의 경우는 파벌의 대장인 하본민부(河本敏夫)씨가 실질상의 오너이므로 자주 정치 상품이라고 일컬어지지만 그것은 투기 매매대상 주식이 막혀 있는 것이다. 해운업의 주는 경기의 오르고 내림으로 큰 영향을 받는다. 엉뚱하게 오르기도 하고 터무니 없이 내리기도 하는 것이다. 경기가 나쁠 때에는 주가를 밀어 올리려 해도 잘 되지 않는다.

신문이나 잡지에서도 기사를 쓰고 증권회사 사람도 정치 상품이므로 어떻다라고 말하지만 '그런가'하는 정도로 듣고

홀리는 편이 좋을 것이다.

《구영한의 원포인트 어드바이스》

빈것 팔기를 하면 6개월 후에 어쩔수 없이 주식을 되사야 하는 위험이
있다.

23. 주식을 막상 사려고 할 때 그 주식이 수지가 맞는지 어떤지는 어떻게 알아보나 ?

주식에서 자주 하는 말 중에 '세운 값을 잊어라'라는 말이 있다. 옛날에는 그 값이었는데 지금은 비싸다 라는 식으로 과거를 들추어 내어 현재의 주가를 운운하는 것을 경계하는 말이다. 예를 들면 히다찌는 900엔이나 하고 있지만 300엔 하던 시대가 있었다. 옛날의 가격을 알고 있는 사람이라면 누가 3배가 된 이런 주식을 살 수 있을까 하는 생각이 든다.

그러나 주식이라는 것은 앞으로 있을 일 만을 생각해야 한다. 과거에 그만큼 쌌어도 지금 그 값으로 살 수는 없다. 지금부터 시작하여 900엔이 싼 것인가 비싼 것인가를 생각해야 하는 것이다.

그러기 위해서는 무엇을 기준으로 살 것인가 하는 것이 어려운 것이다. 모두가 그 값어치가 있다고 생각할 때 그 값이 매겨진다. 값어치가 없다고 생각하면 값은 내린다. 어째서 값어치가 있다고 생각하는가. 얼마 전까지만 해도 히다찌 같은 대형주는 주수도 많고 어지간히 열심히 사도 좀처럼 주가는 오르지 않았다. 이런 주식은 안된다라는 사고 방식이 강했던 것이다.

그런데 여기에 한 가지 변화가 일어났다. 일본의 고도 성장이 끝남으로써 주식에 대한 사고방식이 변화되었던 것이다.

예를 들면 일찌기의 「성장주 이론」인데 어느 회사나 지금
의 자본이 최대한인 듯한 느낌이 든다. 물론 1700개나 되는
회사 중에 10개 내외는 반드시 성장할 회사가 있지만 전체적
으로 보면 거의 전체 세력도는 완성되어 있다고 생각해도 좋
다. 지금 일본의 주식 시장을 휘몰아치고 있는 큰 바람은 일
찌기의 성장 이론 시대와는 다른 것이다.

성장주 이론이 통용되던 시대에는 세계 여러 나라는 아직
일본의 실력을 인정하고 있지 않았다. 우리들 만이 그것을 인
정하고 있었던 것이다. 일본의 경제는 반드시 성장하므로, 성
장하는 회사의 주식을 사라고 권했던 것이다.

지금은 세계 사람들이 일본의 주식에 눈을 주게 되었다. 일
본의 경제력을 추진시킨 일본의 기업에 주목하게 된 것이다.
그 경우 외국 사람들은 일본을 대표하는 회사가 아니면 잘 모
른다. 마치 우리들이 제록스나 IBM이나 코닥 밖에 모르는
것과 마찬가지이다. 그러므로 외국인이 일본의 주식을 사려할
때는 자동차를 만들고 있는 회사나 새로이 전자 공업에 머리
를 내밀고 있는 회사 등 미국과 호각으로 씨름을 하는 회사에
인기가 집중된다.

히다찌의 경우는 노무라 증권이 미국까지 팔러 가서 그 사

✚주식으로 벌기 위한 격언✚
　최초의 추징(追徵) 때에 팔아라.
신용거래 중에 보증금의 추징이 오
면 그것이 던질 타이밍이다.

람들을 움직였고 그것이 성공하여 주가가 3배나 되었다. 한때
는 700엔이나 600엔 정도까지 내려 갔으나 세계적인 경기 회
복이 배경이 되면서 일본의 주식이 팔리게 되어 되돌아 온 것
이다.

　이야기를 본론으로 돌려 문제는 지금의 900엔을 비싸다고
생각할 것이냐 싸다고 생각할 것이냐이다. 옛날의 300엔은 이
미 생각해서는 안된다. 지금부터 출발하여 앞으로 좀 더 비싸
질지 어떨지가 주식을 사느냐 마느냐의 근거가 되는 것인데
이것이 좀처럼 간단하게는 대답할 수 없는 것이다.

　한가지 말할 수 있는 것은 비율이 낮다거나 비율이 높다거
나 하는 것은, 그 회사의 업적에 비해 비교적 주가가 싸다 비
싸다 하는 정도가 힌트가 되는 것이다. 이것은 평소부터 신경
을 쓰지 않으면 알 수가 없다. 그러나 모든 주식에 머리를 쓸
필요는 없다. 자신과 그 어떤 식으로 관계가 있으며 흥미를
가지고 있는 업계를 대표하는 회사의 주식을 쭉 보고 있어야
하는 것이다.

　그러나 분명히 말해서 주식 세계는 미래가 보이는 것이 아
니다. 과거 만은 기록이 있다. 과거의 실적을 보면서 뒷걸음
질 치고 있는 것과도 같은 것이다.

　싼 느낌, 비싼 느낌이라는 것도 사람에 따라 전혀 다른 것

2. 처음 투자하는 사람이라도 성공할 수 있다 93

이다. 다름으로써 팔고 싶은 사람, 사고 싶은 사람이 있게 되고 그 밸런스 위에 주가가 형성된다. 그러므로 자신이 이것은 너무 높다라고 생각되면 사지 않으면 되는 것이다.

《구영한의 원포인트 어드바이스》

옛날의 주가는 미래의 주가의 참고가 되지 않는다. 과거에 얽매이지 말고 현상을 분석하라.

24. 주식도 경마와 같이 '예상외의 결과'를 노릴 수 있는가?

지나고 보면 분명히 '도깨비주' '예상외의 주'라고 불리우는 것이 있는 것이다. 50엔의 주식이 500엔이 되는 것은 당연한 일이지만 지난 다음에 알게 된다.

그러나 그것을 예측할 수 있는 사람은 별로 없다. 50엔 이라고 하면 당연 회사의 업적은 나쁘다고, 이미 풍전등화로 내일을 알 수 없는 주 따위는 살 수 없다 라고 누구나 생각한다.

최근에는 새는 회사는 적어졌지만 얼마 전에는 많았다. 회사가 새면 300엔이나 400엔하던 주식이 눈 깜박할 사이에 10엔이 되어버린다. 영대산업(永大産業)이나 흥인(興人)은 그런 상황에 있었던 것이다.

보통은 갑자기 업적이 나빠지거나 오래동안 업적이 나쁜 회사의 주식은 대부분의 사람은 사지 않는다. 그러나 개중에는 그것을 노리는 사람도 있다. 이것을 도깨비주라고 하고 크게 변하는 경우도 있기는 있지만 실제로는 변하지 않는 편이 훨씬 많은 것이다.

그럼 어째서 그런 주식을 사는 것을 좋아하는 사람이 있는 것인가. 1500엔의 주가 3000엔이 되기는 어렵지만 회사의 업적에 따라 50엔의 주식은 곧100엔이 된다 라는 것이 그들의 이론인데 사실 그렇지 않다.

본래 50엔의 주식이 100엔이 되었다고 해서 그것을 산 사

+주식으로 벌기 위한 격언+
다른 사람이 가지 않는 길에 꽃
의 산. 꽃구경에도 구멍이 있듯이
시세에도 다른 사람이 눈을 주지
않는 구멍이 있다.

람은 반드시 돈을 번다고는 할 수 없다.

어차피 금방은 오르지 않을 테니까 3년 동안은 좋다라며 '소금절임'했다고 하자. 매일 매일 신문을 보지만 1엔도 오르지 않으면 점점 의기소침해 진다.

3년 동안이라고 각오는 했지만 점점 의욕이 없어진다. 그런 주식이 우연히 60엔이라도 되면 서둘러 팔아 버린다. 그 뒤에 100엔까지 오르기도 한다.

대개 50엔의 주식이 500엔이 될 때까지 기다리고 있는 것은 그 회사를 재건시키는 사람 정도일 것이다. 회사를 지배하기 위해 업적이 나빠진 때 주식을 산다. 그리고 뛰어들어 회사를 재건하는 것이다. 도중에서 팔 리 없으므로 회사의 성적이 좋아졌을 때는 그 주식만으로도 재산을 이루게 되는 것이다.

보통 사람이 거기에 편승해 최후까지 주식을 가지고 있으리라고는 우선 생각할 수 없다. 극단적으로 말하자면 10엔만 움직여도 모두 팔아 벌이의 반은 증권 회사의 수수료로 내는 것이 보통일 것이다.

만일 그런 주식 사기를 하려면 '소금절임'을 하면서도 하나의 목표를 세우는 것이다. 50엔이 500엔이 될 때까지 언제까지 기다린다라는 것은 너무 현실적이지 못하다. 이 주식은 150 엔 이지만 225엔이 되면 50퍼센트 오른 것이므로 그때까지 가지고 있자. 그때까지는 180엔이 되든 200엔이 되든 초지일 관하여 꾹 참는다 — 이편이 현실적이고 확실할 것이다.

자신 나름대로의 목표를 세우고 감을 가지고 움직이지 않는다. 실제로 그와같은 방법으로 번 사람이 많이 있다. 회사가 성장하여 점점 증자하는 도중에 몇 회 주식이 고가를 마크해도 모르는 척하고 팔지 않는다. 증자를 그대로 계속해 가는 편이 벌이가 되는 것이다.

지금같이 골격이 정해져 증자가 거의 없으면 주가의 오르내림으로는 벌 수 없다. 어디까지 가면 팔고 어디까지 가면 되살 것인가가 주식을 하는 한 방법이다. 그것은 그것대로 성립되는 투자법이다.

'아, 예상 밖의 큰 주식이다'라고 큰 소리로 외치는 사람도 있으나 그것은 과장법이라고 생각하면 되는 것이다. 부분만이 과대하게 묘사되는 것이다. 그것만 꿈 속에서 보고 있으면 진짜 모습을 볼 수 없게 되어 버리는 것이다.

《구영한의 원포인트 어드바이스》
예상 밖의 주식은 예상되는 것이 아니고 결과적인 것. 소문에 따르는 것은 위험하다.

25. 신문이나 업계지의 '권유주'는 정말로 권할 만한 것인가?

한때 내가 주간지 등에 이 주식을 추천한다 라고 쓰면 주가가 그대로 움직인 때가 있었다. 주식 평론가 중에는 많이 맞추는 사람도 있고 비교적 맞추지 못하는 사람도 있다. 이것은 역시 그 사람의 사고방식이 시세에 있느냐 어떠냐에 의한 것일 것이다.

실적이 있고 신뢰성이 강할 때는 모두가 그 사람이 말하는 것을 듣게 되고 그대로 주식을 사면 주가는 움직이는 것이다. 뒤를 따르는 사람이 어느 정도 있는가에 의해 주가는 위로 가기도 하고 아래로 내려 가기도 하므로, 그 사람에게 권위가 있으면 뒤를 따르는 사람이 늘고 실제로 예상이 맞는 결과를 얻게 되는 것이다.

그러므로 믿는 사람이 어느 정도 있느냐 하는 것이 맞느냐 맞지 않느냐와 깊은 관계가 있다. 그러나 그런 사람이라도 어느 정도까지 가면 신통력이 없어져 버려 예상이 빗나가 버리는 사태가 반드시 일어난다.

나도 한 시기까지는 이곳이 좋다라고 말할 수 있었으나 그 후 자신에게 그 힘이 없어졌다고 생각하여 그만두었다. 내 나름대로 이 시기는 이런 주식이 좋지 않을까 하고 생각하던 때가 있었으나 그것도 2,3년에 한 번 정도이다. 그에 비해 그를 직업으로 갖고 있는 사람은 매일 그런 일을 해야하므로 상당

한 일이다. 신문·잡지 등에 여러가지가 나오지만 '음 그래'
라고 생각할 수 있을 정도로 좋은 것이 있을까를 적어도 나는
문제시하고 싶지 않다.

경제 신문에서 자주 다루는 상품은 반드시 오른다는 말을
듣는데 그것도 그다지 맞지 않는다. 경제신문의 주식 담당기
자는 주식을 사는 일이 금지되어 있다. 자신이 사면 아무래도
어깨에 힘이 들어갔으므로 공평성을 잃게 되기 때문이다. 그
점은 객관적이라고 할 수 있지만 자신이 경험하지 않은, 다른
사람의 답안은 자칫 우등생적(優等生的)이 되어 버리지 않을
까. 참고만 하는 것은 별 문제가 없겠지만.

주식 신문은 스포츠지와 같다.

3류 주식 신문은 기자들이 자신이 산 주식을 당당히 언급
한다. 스포츠 신문의 특대 기사처럼 큰 활자로 그것을 싣는다.
그 주식이 상승기에 있을 때도 있으나 전혀 그렇지 않은 때도
있다. 너무 믿지 않는 편이 무난하다.

요컨대 신문의 기사를 보고 '이것'하며 사는 것은 이미 모

주식 전문지는 스포츠지와 같다. 큰활자에 현혹되지 말라.

두에게 알려진 뒤일 것이다.

그 전에, 이렇게 되지 않을까 하고 자신이 생각하여, 신문 기사에 나지 않았을 때에 팔거나 사거나 하는 것이 본맥이라고 생각한다. 시대의 흐름이라는 것이 있으므로 그 흐름을 잡아 거기에 맞는 형을 보면 비교적 적합한 것을 볼 수 있을 것이다.

증권 회사의 사람이 말하는 것도 머리로 신용해서는 안된다. 특히 증권 회사 사람은 주의하는 편이 좋다. 말하는 대로 샀다가 큰 손해를 보는 사람이 많이 있다.

노무라 증권이 미국으로 향하는 증권회사와 타이업하여 히다찌를 팔고 600엔 정도부터 900엔까지 가져 갔다는 것은 이미 말했지만 600엔이 900엔이 되었으므로 300엔을 벌게 되었다는 상황에 실제로는 가장 많은 사람이 900엔에서 샀던 것이다. 미국 사람을 상대로 600엔을 900엔까지 가지고 간 사람은 그다지 없었던 것이다.

게다가 81년부터 82년에 걸쳐 이자먹기를 하던 사람도 있어 주가가 내렸다. 그 때 아메리카 증권회사의 사람이 노무라 증권회사 사람을 잡고 '히다찌 주식이 이렇게 내렸는데 어찌된 일입니까'라고 항의하자 노무라 사람이 '아니오 이미 이 회사는 안되니 저쪽 주식을 사는 것이 어떻겠읍니까'라고 다른 주식을 권했다는 것이다. 미국 사람은 매우 화를 내며

'우리들은 그런 장사는 하지 않읍니다. 자신의 손님은 어디까지나 지켜주어야지 그런 엉터리가 어디 있읍니까'라고 했다.

이 이야기는 내 친구인 저명한 경제평론가로부터 들은 것이다. '일본 국내에서의 방법과 조금도 다른 바가 없지'라며 그는 웃었다.

증권회사의 고객 트러블 해결법이란

증권회사는 '이 주식을 사시오'라고 권해서는 안된다 라고 일컬어지고 있지만 실제로는 손님에게 권하여 사게 하고 있다. 성장 경제에 있을 때에는 몇 번인가 큰 폭락이 있었고 그 때마다 주가는 뚝 떨어졌다. 신용매매나 무리하여 산 사람이 있으므로, 900엔의 주식이 600엔으로 내려가거나 하면 몇천만 몇억의 손해를 보는 손님이 속속 나온다. 당연 개중에는

✚주식으로 벌기 위한 격언✚
단념 천 량. 내린 주식을 소금절
임해 놓고 주가의 회복을 기다리는
것만이 능사가 아니다. 때로는 크게
마음 먹고 팔아라.

얼굴이 뻘개져 증권회사 사람에게 불만을 토로하는 사람도 있다.

'당신이 이 주식을 사라고 하여 나는 산 것인데 도대체 어찌된 일이요' 이렇게 말할 때 증권회사가 하는 방법은 대체로 정해져 있다. 인사 이동으로 지점장을 바꾸어 버리고, 새로운 지점장이 인사를 하며 '우리 먼저번 지점장이 나빴읍니다. 저는 아닙니다. 부디 믿어 주십시오'라고 말하며 손님을 위로하는 동안 또 주가가 조금 되돌아와 흐지부지되어 버리는 것이다.

모르는 사람이 들으면 재담 같은 이야기이지만 큰 증권회사일수록 이런 경향이 강하다. 이것은 증권회사가 가지고 있는 숙명이라고 해도 좋을 것이다.

증권회사 쪽은 오가며 수수료를 벌게 됨으로 회사는 커지지만 과연 그에 의해 투자가가 재산을 모을 것인가 어떨까는 의문이다. 큰 증권회사가 하는 일이므로 틀림없다 라고 생각하고 간단히 신용해서는 안되는 것이다.

《구영한의 원포인트 어드바이스》
비록 신뢰할 수 있는 정보라도 다른 사람에게 이미 알려져 있는 것을 사서는 너무 늦다.

26. 주식에도 인간과 같은 버릇이 있는 가 ?

주식을 선택할 때에 이것 저것 신경쓰지 않는 편이 좋다. 자신이 이것이다 라고 주목하고 있는 주식만을 관찰하는 편이 좋은 것이다.

세상에 여성은 많이 있지만 자신이 가장 잘 알고 있는 사람은 아내일 것이다. 오늘은 기분이 좋은가 나쁜가, 이제 곧 히스테리를 일으킬 것인가 어떤가; 평소에 잘 관찰하고 있으면 곧 알 수 있다.

주식도 이와 마찬가지이다. 주식에도 버릇이 있으므로 각각의 버릇을 알기 위해서는 10개나 20개 회사에 신경을 쓰고 있는 것이 현명하다. 그러나 우리들은 바람기가 있고 또한 잘 모르는 탓도 있어 다른 사람의 말을 들으면 '좋아, 그 주식이다'라고 생각하고는 사 버린다. '이것도 좋아요'라는 말을 들으면 또 산다. 정신을 차려 보면 가지고 있는 주식이 몇십 종류나 되는 것이다.

그렇게 되면 뭐가뭔지 알 수 없게 된다. 씨름도 그렇다. 자신이 좋아하는 역사가 어떤 씨름을 할 것인지 알 수 있다. 오늘은 이런 전법을 쓰지 않을까, 오늘은 몸의 상태가 좋다, 그러므로 오른쪽을 잡으면 꼭 던지기…이 정도로 승부를 예상할 수 있는 것이다.

주식도 자신이 편을 들어 주고 있는 회사는 그 버릇을 알고

펀을 들 회사를 가지면 그 회사의 주식 버릇을 볼 수 있게 된다.

있으므로, 이것은 안전권 이라든지 이것은 고가이므로 잠시 쉬는 편이 좋을 것이라거나 하는 것을 알 수 있다.

자주 예로 드는 것인데 이미 몇년이나 건설회사의 주식은 한결같이 싼 값이다. 상식적으로 말하자면 컴퓨터를 만들고 있는, 아직 역사가 얼마되지 않은 회사의 주식이 1500엔이나 하고 있는데 250엔이란 어떤 이유일까.

250엔에 딱 고정된 채 움직이지 않고 있는 것이 옳은 것인 지 어쩐지 알 수 없다. 싼 값이라고 생각하여 샀는데 계속 그 가격이므로 움직이는 주식을 사는 것이 좋겠다 라는 기분이 되기도 한다. 그러나 건설 회사의 주가를 주의하여 관찰하고 있으면 적어도 지금보다 내리는 일은 없다는 것을 알게 된다.

또 한 가지 누구든 그 사람에게 있어 성격에 맞는 '감이 좋은 주식'이 있는 것이다. 자신이 사면 한참 지나 반드시 오르는 주식도 있고 다른 사람이 사면 반드시 내리는 주도 있다. 그러므로 증권회사에 출입하는 누군가를 목표로 하고 있으면 큰 참고가 된다.

목표에는 두가지가 있어 언제나 고가를 잡는 사람과 사면 반드시 거기에서부터 주가가 오르기 시작하는 사람이 있다. 고가를 잡는 사람도 참고가 되는 것이다. 그 사람이 사면 고가가 될 것이므로 그 주식은 빨리 팔자라는 목표가 되어준다.

이상하게도 꼭 그런 일이 일어난다. 내가 언제나 '성격에 맞는 주식을 사시오'라고 말하고 있는 것도 그 때문이다. 당신에게 있어서 '감이 좋은 주식'이 있을 것이므로 그것을 발견하여 그 회사를 언제나 주목하라. 바람을 피워도 큰 일은 일어나지 않을 것이다. 여성도 그렇다. 첫눈에 반해 바람을 피우다가 정신을 차려 보면 대단치도 않은 여성이었다라는 경우는 드문 일이 아니다.

---

27. 외국의 주식으로 벌 좋은 방법은 없을까?

　미국 회사의 주식도 증권회사에 부탁하면 살 수 있다. 외국인 매매가 있을 정도이므로 일본이 외국의 주를 사도 이상할 것은 없지만 그다지 성공한 사람이 없는 것이다.

　그 한 가지는 환률의 문제가 있다. 미국에서 값이 올라도 일본 엔이 그만큼 높아지면 번 것이 되지 않는다. 일확천금을 노려 오스트리아 금광이나 캐나다 금광 주식을 사는 사람이 가끔 있으나 대개는 도중에서 포기해 버리는 것이다. 이제 안돼 라며 도중에 열이 식어 버린다.

　주식투자는 그 토지를 잘 모르면 굉장히 불안한 것이다. 어차피 종이 쪽지 하나이니까. 나도, 외국 주식을 사시오 라고 권한 적이 있다. 주로 발전도상국의 주식인데 성적은 그다지 좋지 않았다. 상대를 모른다는 불안으로 어떻게 되고 있는지 언제나 묻고 있다. 역시 자신이 잘 알고 있는 곳에서 주식을 하는 편이 좋지 않을까. 기호로 외국 주식을 사서는 안되는 것이다.

　외국인이 일본 주식을 사고 있다고 해도 개인이 사고 있는 사람은 거의 없다. 법인, 은행, 투자신탁 그런 곳이다. 외국인도 일본을 잘 모르므로 역시 일본 증권회사를 통하여 사고 있는 것이다.

　노무라도 물론 그렇지만 타이와 등도 비교적 국제적으로

움직이고 있다. 외국부가 있는 큰 증권회사가 아라비아 왕국의 청을 받거나 쿠웨이트 정부의 의뢰를 받아 천만주 단위로 한 가지 상품을 산다. 그 수수료 덕으로 1000억의 돈을 벌 수 있는 것이다.

지금, 세계 여행을 하고 있는 사람으로 일본제가 아닌 카메라를 가지고 있는 사람을 찾기란 어려운 일이다. 차도 고장이 적다는 명성을 얻고 있다. 그런 회사의 주식을 사보고 싶다는 외국인이 많은데 일본을 모르므로 개인이 사는 것을 두려워하는 것이다.

평균화된 것이면 괜찮지 않을까 하여 투자신탁이나 또는 후생연금 같은 기금으로 그룹 투자의 형태를 취해 일본의 주식을 산다.

그 경우 일본의 증권회사에 의지하는 수 밖에 없다. 일본 국내에서만 팔리고 있는 것을 만들고 있는 회사의 주식을 사려면 외국인은 더욱 알 수 없게 된다.

앞으로도 일본의 주식을 살 외국인 그룹이 상당히 늘어날 것이라고 생각하는데 개인은 거의 증가하지 않을 것이다. 일본인이 외국의 주를 살 경우에도 같을 것이라고 말할 수 있다.

《구영한의 원포인트 어드바이스》
주식은 아는 토지에서 사는 편이 최고. 외국주는 환률의 변화에 지나치게 좌우된다.

3

주식은 아집과 타이밍

이런 사기·팔기라면
경험없이도 해낼 수 있다

28. 주식을 살 때는 증권회사에 어떻게 말하면 좋을까 ?

백화점이나 슈퍼마켓에서는 자주 충동구매를 하는 사람이 있지만 주식은 충동 구매를 해서는 안된다. 자신이 연구하여 어떤 주식을 살 것인가를 정한 다음 증권회사에 간다.

증권 회사 창구에서 '이 주식을 천 주 사 주시오'라고 말할 경우, '지정가 사기'와 '시장의 동향에 따라 정해진 값 사기' 두 가지가 있다.

지정가 사기라는 것은 이 값으로 사 주시오 라고 부탁하는 구매법이다. 예를 들면 주가가 250엔에서 260엔 사이를 움직이고 있는데, 지금 257엔이지만 서두를 것도 없고 갑자기 오를 것 같지도 않으므로 조금이라도 싼 편이 좋다고 생각하여 255엔이라면 사 주시오라고 부탁하는 것이 지정가 사기이다.

257엔이었던 것이 계속 파는 사람이 나와 255엔으로 사는 사람을 전부 소화하면 2백 54엔으로 되는 것이다.

255엔이 되어도 살 사람이 많이 있으면 그 일부분 밖에 소화할 수 없으므로 255엔에 살 수 있을지 어떨지는 알 수 없다. 그러나 254엔이 되면 255엔의 것은 전부 살 수 있게 된다.

그러므로 일본 경제 신문의 조간으로 전날의 시세를 보아 싼 값의 난에 자신이 간 값보다 1엔 이라도 싼 값이 나와 있으면 살 수 있다고 생각하면 된다. 단 가령 오전 중에 그 싼 값이 나오고 '살 주문'을 낸 것이 오후였다면 살 수 없게 된다.

✚주식으로 벌기 위한 격언✚
단념을 빨리하는 것도 결코 나쁘
지 않다. 시세에는 흐름이 있다. 그
흐름이 변했다고 생각되면 단념을
서둘러라.

지정가 사기를 하는 것은 우선 일엔이라도 싸게 사기 위해
서이다. 갑자기 주가가 올라갈 까닭이 없으므로 싸게 사려는
때에 지정가 사기를 한다. 지정가 팔기도 마찬가지이다.

증권 시장에서 주가의 값이 마크되어 있는 것은 그 값으로
매매의 밸런스를 취하려는 의미이다. 예를 들면 250엔의 값이
마크되어 팔 것이 있다. 그리고 아래에 249엔으로 몇만주, 248
엔에 몇만주 살 것이 있다.

값에 상관없이 사고 싶은 사람이 나오면 250엔으로는 살
수 없는 것이다. 또 너무 싼 값을 매기면 살 수 없다는 각오
를 해야 한다.

가령 지금 250엔이 마크되어 있는데 245엔이면 천주 사달
라 라고 부탁한다. 거기에 계속해서 파는 것이 나오면 살 수
있지만 248엔으로 내려간 것이 끝이고 그 뒤는 계속 오른다
면 살 수 없는 것이다. 째째하게 굴지 말고 248엔으로 지정가
사기를 했다면 좋았을걸 하고 후회하는 경우가 종종 있다. 그
러나 대개 지정가를 말해두면 그 날에는 살 수 없는 일이 있
더라도 우선 사기는 산다.

자신이 말한 지정가까지 만일 가지 않았다면 증권회사로부
터 '오늘은 이루어지지 않고 끝났지만 내일 또 기다려 보시지

✚주식으로 벌기 위한 격언✚
아뿔싸는 끝. 벌려고 생각하여
산 주식이 배반한다. 그런 때는 크
게 마음 먹고 팔고 다른 주를 사라.

요'라는 말을 반드시 듣는다. 즉 그날 자신이 낸 주문은 그것
으로 끝났으나, 내일 같은 상품을 오늘과 같은 가격으로 사고
싶으면 그런 뜻을 증권회사에 전하면 되는 것이다. 또 그때
대답하지 않고 내일 다시 생각하여 다른 지정가로 주문을 내
어도 좋을 것이다.

시장의 동향에 따라 정해진 값으로 사는 것은 준프로에게 적합하다.

시장 동향에 따라 정해진 값으로 사는 것은 앞으로 매겨질
값으로 천주 사달라고 부탁하는 방법이다. 이쪽은 일엔이라도
싸게 라고 말하는 것이 아니다. 그때 파는 것이 많이 있으면
싸지만 물품이 없으면 비싼 것을 사는 수 밖에 없다. 255엔의
것이 다 팔렸으면 265엔의 것 밖에 없다거나 하는 10엔 정도
의 차이는 자주 일어난다. 증권회사는 10엔이 비싸도 시치미
를 떼고 사버리는 것이다.

그러므로 시장의 동향에 따라 정해진 값으로 사는 것은, 주
식 시장의 장래가 밝을 것이라고 예상될 때 사는 것이다. 그
러므로 이것은 준프로의 경우이지만 이렇게 값이 오를 것이

다 라며 모두 먹이를 낚듯이 달려들 때가 있다. 그런 때는 255엔이 되어도 어느 정도 팔 것이 있는지를 물어 '상관없이 10만주 사주시오'라고 말하여 고가에 사거나 하는 것이다.

초보자일 때는 지정가 사기 만을 생각하면 충분하다. 증권회사에 가면 반드시 어느 주를 어느 정도에서 몇주 사 주시오라고 지정한다. 그렇지 않으면 시장 동향에 따라 정해진 값으로 사게 된다.

좀 더 익숙해지면 '매매는 어떻게 되고 있읍니까'라고 묻는 것이다. 그러면 사는 것이 얼마이고 파는 것이 얼마인지 거래소에 연락하여 알려 준다.

'지금 매겨져 있는 가격으로 사주시오'라고 하고, 지금 팔고 있는 것과 1엔 차이의 것을 사는 케이스도 있다. 우리들은 대개 '지금 매매가 어떻게 되고 있읍니까'라고 물어 사지만 일반 투자가라면 그 때 매매 등에는 너무 신경 쓰지 말고 '어느 회사의 주식을 몇 주 얼마에 사 주시오'라고 말하면 좋을 것이다. 그것이 싸게 사는 것과도 연결되는 것이다.

《구영한의 원포인트 어드바이스》
일반 투자가라면 어느 상품을 몇주 '얼마에' 사달라고 확실히 말할 것.

29. 5천주 살 예산이 있을 때 한 번에 전부 사는 편이 좋을까 ?

5천주 살돈이 있는 경우 시세의 오르 내림이 있을 것이므로 대개는 한 번에 사지 않고 나누어 산다. 이것을 주식 용어로는 '난평사기'라거나 '난평 사내리기'라고 부르고 있다. '난평'이라는 것은 평균화라는 의미이다.

한번에 5천주를 사고 그 뒤 값이 싸지면 계속하기 어려워진다. 그러므로 난평 사기를 하는 것이다. 250엔으로 천주, 248엔에 천주, 246엔에 천주 사기로 한다. 가령 다 샀다면 250엔의 것도 있고 248엔의 것도 있고 246엔의 것도 있다. 평균하면 248엔에 산 것이 되는 것이다.

이것은 주식을 하는 사람에겐 상식이지만 증권 회사의 사람은 그런 것을 가르쳐 줄 정도로 친절하지 않으므로 자신이 배우는 수 밖에 없다. 그편이 5천주를 5회로 나누어 사는 것보다 수고도 줄이고 수수료를 한 번이라도 벌게한다.

난평 사기법은 자신이 알고 있으면 되는 것이므로 증권회사 사람에게 일부러 말할 필요는 없다.

나누어 사면 그만큼 손해도 적게 되는 것이다. 가령 250엔에 천주 사고 10엔이 내리면, 이번에는 250엔으로 오를 때마다 조금도 벌 수 없게 된다. 그러므로 240엔이 되었을 때 또 천 주 사면 평균 값이 245엔이 될 것이다. 만일 245엔까지 되돌아 온 때에 반만 팔아 버리면 수수료 문제는 있어도 나머지

천주는 250엔이 아닌 245엔에 산 것이 되는 것이다.

주가의 움직임이 나쁠 때는 반드시 내려간 곳에서 사야한다. 그러나 아래로 내려가면 기분상 더 내려가지 않을까 하는 공포를 가지게 됨으로 살 수 없게 되는 것이다. 그러므로 익숙한 사람은 1만주 살 돈을 가지고 있으면 한 번에 사지 않고 내려갈 때 또 사는 것이 보통이다.

싸진 때 사면 손해를 최소한으로 줄일 수 있다.

나도 자주 했다. 우선 1만주를 산다. 조금도 움직이지 않는다. 어쩔 수 없다고 생각하고 또 1만주씩 4,5만 주 정도 산 때 주가가 쑥 내린다.

그때 돈이 없으면 그냥 지켜보는 수 밖에 없으나 조금이라도 돈이 있으면 '에잇 !'하며 또 1만주를 사버린다. 그러면 또 쑥 내려간다.

그런 때가 자주 있었으나 아뭏든 난평이라는 것은 주식을 하는 사람의 원칙인 것이다. 원칙이지만 증권회사 사람은 그 방법을 초보자에게 가르쳐 주지 않는다.

오늘 천 주 샀으면 10일 후나 1달 후에 또 천 주 산다. 싸

진 때 계속 산다. 이렇게 하지 않으면 앞에서 산 것이 고가일
때 한 푼도 벌 수 없는 것이다. 가장 보편적인 방법인 것이다.
자신의 돈과 맞추어 주식을 사는데 가장 적합한 방법이라고
해도 좋을 것이다. 사고방식도 극히 자연스럽다. 250엔에 산
주식이 200엔으로 내려가는데 대한 의연한 신뢰성을 가지고
있으면, 250엔이라도 사고 200엔이라도 당연 사는 것이다.

주식은 저가로 사서 가장 고가로 팔 수 없다.

반대로 팔 때는 '난평 팔아 내리기'라고 한다. 250엔에 사서
300엔이 되면 에잇 팔아 버리자 라며 박력있게 전부 팔아 버
리는 일도 있으나, 좀더 비싸질지도 모르므로 조금씩 팔아간
다. 300엔에 1천주 305엔에 1천주 310엔에 1천주라는 식으로
팔아올려 가는 것이다.

즉 이론적으로 말하자면, 주식투자로 벌기 위해서는 가장
싼 값에 사서 가장 비싼 가격에 팔면 되는 것이다. 50엔에 사
서 500엔에 팔면 불평할 것이 없지만 실제로는 가장 싼 가격
으로 살 수도 없고 가장 비싼 가격으로 팔 수도 없는 것이다.
그러므로 평균하여 싼 가격에서 사고 평균하여 비싼 곳에서

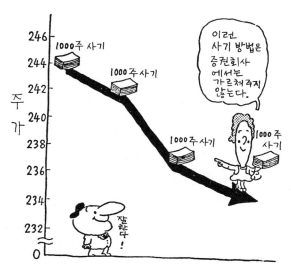

주식은 단계적으로 팔고 사는 것이 안전하다.

파는 수 밖에 없다. 이것이 가장 안전한 방법인 것이다.

是川銀藏씨 등은 300엔 부근에서 손을 대어 1200엔까지 오를 때까지 계속 산다. 일반적인 사람들은 1주 900엔의 벌이로 1천만주 가지고 있으면 엄청난 벌이라고 생각할 것이지만 그렇게만 생각 할 수 없는 것이다. 그 역시 사 내리거나 팔아올려 평균화한 것이다.

주식투자가 능숙한 사람은 싼 가격일 때 많이 산다. 비싼 가격을 살 때는 물품이 적어져 있으므로 조금 사도 올라간다. 평균 가격을 싸게 하지 않으면 벌 수가 없는 것이다. 비싼 것만을 계속 사 나가면 값이 뚝 떨어졌을 때 큰 손해를 본다.

난평 외에 '정액법'이라고도, '달러 평균법'이라고도 불리우는 매매법도 있다. 미국인이 생각해 낸 방법이므로 '달러 평균법'이라고 부르기도 하는 것이다.

몇 사람인가가 돈을 내어 1개월 정도로 매달 한 가지 주식을 사 간다. 일정한 액으로는 쌀 때는 많이 살 수 있고 비쌀 때는 조금밖에 살 수 없으므로, 평균하면 싸게 산 것이 된다. 물론 혼자 할 수도 있다.

모두 평균한다는 것은 비슷하지만, '난평'은 자신이 가지고 있는 돈과 가지고 있는 주식을 맞추면서 언제나 팔거나 사거나 해 가는 점에서 보아 '달러 평균법', '정액법'등은 다소 특수한 방법이라고 할 수 있다.

《구영한의 원포인트 어드바이스》
가지고 있는 돈은 분산하여 비록 주가가 내리더라도 단계적으로 계속 산다.

30. 주식은 돈만 있으면 원하는 만큼 살 수 있는가 ?

주식 투자를 해본 적이 없는 사람은 이상하게 생각할지도 모르지만, 주식은 사고 싶을 때 사고 싶은 만큼 살 수 있다. 동네 정육점에 가서 쇠고기 최상품 1kg 주세요 라고 하면 '없읍니다. 다 팔렸읍니다'라는 말을 들을 때가 있을 것이지만 주식에서는 그런 일이 없다. 한 번에 1천만주를 산다면 모르지만 보통 사람이 가지고 있는 돈으로 사는 범위라면 사지 못할 경우는 절대 없다.

가령 내가 히다찌의 주식을 백만주 사고 싶다고 말하면 그런 것은 곧 살 수 있다. 반드시 파는 사람이 있다. 히다찌의 주식이 900엔 하고 있다는 것은 파는 사람과 사는 사람이 균형을 이루고 있다는 것이다. 901엔 902엔 903엔 이면 위쪽에 팔고 싶은 사람이 얼마든지 있고 아래 쪽은 900엔이면 사지 않지만 899엔이나 898엔이면 산다 라고 반드시 줄을 서 있는 것이다.

팔고 싶은 사람은 언제라도 사고 싶은 사람, 사고 싶은 사람은 언제라도 팔고 싶은 사람인 것이다. 즉 싸지면 사겠지만 비싸지면 팔겠다 라는 사람이 가득 있는 것이다. 890엔에 사서 910엔이 되면 팔고 싶다는 사람, 900엔에 사서 920엔이 되면 팔고 싶다는 사람이 얼마든지 있는 것이므로, 얼마든지 살 수 있다. 그러므로 정육점과 달리 품절되는 경우는 없다.

✚주식으로 벌기 위한 격언✚
매매 기준 가격을 잊어라. 산 주
식이 일시적으로 내려 갔다고 해서
두려워 하지 말라. 때로는 장기 투
자의 각오도 필요하다.

사기가 들어오면 값은 쑥쑥 올라간다. 오르면 또 팔고 싶은
사람이 나온다. 900엔이 920엔이 되고 그 날이 지나도 다음
날 신문을 보고 팔고 싶다는 사람이 많이 생겨난다. 그러므로
같은 것을 사고 싶어하고 팔고 싶어 하는 것이 되는 것이다.
개중에는 있는 주식 수가 적어 '품박주(品薄株)'라고 불리우
는 것도 있으나, 보통 사람이 사는 분량에는 걱정이 없다.

그러므로 자금이 있으면 극단적인 이야기이지만 일본의 모
든 회사를 살 수 있다. 단 종업원이 말을 들어준다고는 단정
지을수 없다. 그렇게 간단하게는 따르지 않는다.

그런 점에서 미국은 다르다. '아 샀어요. 내가 경영할 것입
니다'라는 사태가 일상의 다반사이다. 그러나 일본의 회사는
정적인 관계가 강하다. 돈의 힘으로 회사를 사도 그 말을 따
르지는 않는다.

《구영한의 원포인트 어드바이스》
어지간히 물품이 없지 않는 한 주가에 얽매이지 않는다면 일반 투자가
가 사지 못할 주식은 없다.

31. 1천만엔으로 비싼 주식을 조금 가지는 것과 싼 주식을 많이 가지는 것, 어느 편이 좋을까?

목표의 자금이 있는 경우 싼 주식을 사는 편이 좋을까 비싼 주식을 사는 편이 득이 될까, 이것은 매우 어려운 문제이다. 예를 들면 히다찌 조선의 150엔을 사는 것이 좋을까, 그렇지 않으면 후지 필림의 2000엔을 사는 편이 좋을까 하는 문제인데, 양쪽 모두 같은 50엔의 액면이므로 한쪽은 3배인데 한쪽의 주가는 40배나 하는 것이다.

누구나 주식 투자를 하는 사람은 「사계보(四季報)」를 읽고 있다. 배당 난을 보면 히다찌 조선은 1주당 배당이 5엔 1할이고, 후지 필림은 1주당 배당이 8엔 50전 1할 7푼이다.

분명 후지 필림 쪽이 배당금은 높지만 그건 대수롭지 않다. 1주당 3엔 50전의 차이 뿐이다. 주가가 150엔과 2000엔인 것이다. 3엔 50전에 얼마 정도의 값어치가 있는가 어떤가를 생각해 볼 필요가 있다. 2000엔은 150엔의 약 13배이고, 13주 가지고 있으면 5엔의 13배인 65엔의 배당이 있는 것이다. 한쪽은 8엔 50전 뿐이다.

그럼 1주당 벌이는 얼마인가 하면 후지 필림은 50엔으로 141엔 벌고 있는 반면에 히다찌 조선은 12엔이므로 10배 이상이나 되는 것이다.

그러나 이 돈은 특별히 이쪽으로 들어 오는 것이 아니다.

✚주식으로 벌기 위한 격언✚
시세에 과거는 없다. 투자에는
'그때 ○○해 두었더라면'은 없다.
어디까지나 미래 지향적인 자세가
중요한 것이다.

주가는 배당금을 반영하지 않고 수익력 등을 반영하는 경우가 많은 것이다. 그러므로 그런 주식에 인기가 집중되는 것이다. 이 회사는 지금 햇볕을 받고 있다, 업적도 좋다, 그럼 살까 하는 식이 된다. 증자라도 있으면 주가는 더욱 올라갈 것이다 라는 기대를 가지고 많은 사람들이 비싼 주식을 사는 것이다.

그런 의미에서는 가격이 비싼 주식쪽이 더 올라갈 확률이 높은 것이다. 시골 토지와 동경 한가운데의 땅과는 다른 것이다. 시골의 토지는 한평에 1만엔이라도 아무도 사지 않지만, 동경의 땅은 2천만엔 이상이라고 해도 기꺼이 사므로, 모두가 그만한 값어치가 있다고 생각하고 있다 라고 밖에는 설명할 수가 없는 것이다.

그 경우 토지는 한 번 오르면 좀처럼 값이 떨어지지 않는다. 그러나 주가라는 것은 그야말로 허상인 것이다. 실루엣과도 같다. 그러므로 가격이 비싼 주식을 가지고 있어도 어떤 의미에서는 매우 불안정한 기분이 될 수 있다.

지금의 상태가 미래에 영원히 계속되어 갈 것이라는 보증은 어디에도 없는 것이다. 세계의 경제가 일단 반대 방향으로 움직이기 시작하면 2000엔의 주식이 어떻게 될지 알 수 없다.

50엔까지 내려갈 지도 모른다고 생각하면 이미 몰락의 바닥이 보이는 듯하다.

그러므로 비싼 주식을 위험시하여 사지 않은 사람도 세상에는 많이 있는 것이다. 앞에서도 이야기했던 것으로 되돌아가 버리지만 결국 같은 목돈이 있다 해도 싼 주식을 많이 사는 편이 좋을지 비싼 주식을 조금 사는 편이 좋을지는 자신의 성격에 따라 정하는 수밖에 없다. 그 사람의 생각에 달린 것이다.

이것은 다른 상품을 살 때에도 마찬가지가 아닐까. 브랜드 상품이 아니면 사지 않는 사람도 있지만 아무런 상표도 없는 것을 많이 사는 사람도 있다.

단 20만엔으로도 주식을 시작하는 경우는 분명하게 말할 수 있다. 비싼 주식은 살 수 없으므로 싼 주식으로 스타트 할 수 밖에 없는 것이다.

가령 1000만엔이 있다면 아무쪼록 원하는대로 하시오 라고밖에는 대답할 수 없다.

역시 자신의 성격을 생각하여 사는 것이다.

《구영한의 원포인트 어드바이스》
주가는 배당금보다 그 기업의 수익력을 더 반영한다.

32. 주식을 사려면 곧 입금시키지 않으면 안되는 것인가?

처음 증권 시장에 가면 우선 주소, 성명을 기입하고 구좌를 만든다. 당신 증권회사에서 나는 매매하겠소 라는 의미이다. 다음에 주식을 산다. 누군가의 소개가 없는 경우는 어디의 말 뼈다귀인지 알 수 없으므로 역시 그 자리에서 돈을 지불하지 않으면 안된다.

보통은 누군가의 소개를 받아 간다. 예를 들면 나의 지인이 '주식 투자를 하고 싶읍니다'라고 내게 말한다, 나는 증권 회사에 전화를 걸어 '○○씨가 가면 잘 부탁드립니다'라고 소개한다. 거기에서부터 시작하는 것이다. 이 경우는 그날 돈을 지불하지 않아도 되는 것이다.

보통 '사겠읍니다'라고 하면 4일 후에 돈을 지불한다. '팔겠읍니다'라고 말한 경우도 마찬가지로 4일 후에 돈을 준다. 나의 경우는 은행을 이용하고 있으므로 돈을 지불하러 가거나 받으러 가거나 하지 않는다. 신용이 있으면 누구나 은행납부를 할 수 있다. 개중에는 증권회사의 자신 구좌에 그대로 남겨 두는 사람도 있다. 지금 잔고가 얼마 있는가는 증권회사가 알려준다. 그러나 나는 1회, 1회 전부 은행 구좌에 납부하고 있다. 처음에는 가지고 돌아왔었다.

주식을 사면 증권회사는 그 주식을 자신의 금고에 맡아두고 싶어한다. 보관증 만을 주는 것이다. 그렇게 해 두면 팔 때

✚주식으로 벌기 위한 격언✚
비율이 높을 때 팔기 없고 비율
이 낮을 때 사기 없다. 주식의 가격
에는 그 나름대로의 이유가 있다.
시세의 흐름에 거역하지 않는 것도
또한 요령.

도 반드시 그 회사에서만 하므로 왕복으로 수수료를 벌 수 있
다. 그러나 내 경우는 반드시 증권을 내 자신이 갖고 있는다.

나는 자주 강연을 갖는다. 그 때 '선생님은 언제나 증권은
자신이 갖고 있어라 라고 말씀하시는데 강연 때 만은 그런 말
씀 말아 주십시오'라고 증권회사가 부탁한다. 증권회사에 맡
겨 두면 1년에 2000엔 정도이지만 맡기는 값을 받는다. 그것
은 대수롭지 않은 것 같지만 실제로 그렇지 않다.

보통, 손님이 주식을 놓아 두면 10엔 올라도 세일즈맨은 곧
전화를 걸어 '주식을 파시는 것이 좋지 않을까요'라고 권유하
는 것이다. 그렇게 하여 회전시키는 편이 수수료도 늘고 실적
도 됨으로 '팔아라 팔아라'라고 말하는 것이다.

내 경우는 파도가 높아도 낮아도 아무래도 좋다. 그 앞이
어찌 될 것인가를 생각하고 있으므로 증권 회사의 잡음이 들
어 오는 것은 싫어 한다. 그리고 어느 때부터는 아무런 말도
하지 않게 된다. 말하면 시끄럽다 라고 화를 내니까.

그러므로 주식을 사면 전부 가지고 집으로 돌아와 자신의
집에 둔다. 성가셔도 팔 때는 그때마다 꺼내 건네준다. 최근
증권은 현금과 같으므로 잊어버리면 성가시게 된다. 그래도
나는 자신이 보관해 두기로 하고 있다.

✚주식으로 벌기 위한 격언✚
이(利)가 있으면 어디에서 온 돈
줄이든 매달려 사는 것이 보통. 큰
시세에 거역하지 말고 순순히 따라
가라.

증권회사는 이와같이 말하면 투덜거리면서 증권을 건네준
다. 가지고 와 달라고 해도 질질 끌며 가지고 오지 않는 경우
도 있다. 게다가 한참 지나 보관료를 청구해 오는 경우도 있
으므로 가지고 오라는데 가지고 오지도 않고 게다가 2000엔
이라니 ! 라고 말하면, 보관료는 필요 없으니까 맡겨 달라고
하는 경우도 있다.

주식을 증권회사에 맡기면 돈을 지불하고 샀다는 실감이
나지 않는다. 그러므로 10엔 올랐으니 팔라는 전화가 걸려 오
면 그만 팔아 버리고 또 다음 주식을 산다. 증권회사는 그것
에 승부가 있는 것이다.

주식을 가지고 있으면 팔 때에 다른 증권회사에 가도 상관
없는 것이다. 단 그 경우 새로운 구좌를 만들게 됨으로 익숙
한 사람은 대개 몇곳의 증권회사와 거래를 한다.

주식을 맡겨 두면 왠지 그곳에서 매매해야 될 것 같은 느낌
이 들지만 주식을 가지고 있으면 어느 증권 회사에 부탁해도
팔아준다.

《구영한의 원포인트 어드바이스》
주식을 살 경우 돈은 4일 후에 지불해도 좋지만 주권은 1회 1회 가지고
있도록 한다.

33. 주식 사고 팔기의 타이밍은 무엇을 기준으로 하면 벌까 ?

주식을 사기는 쉽지만 파는 것은 어렵다 라고 일컬어진다. '난평 팔아 올리기'는 주식이 올라갈 때의 팔기법이지만 당연 주식은 내려갈 때에도 팔아야 하므로 어려운 것이다.

주식은 한 번 내려가면 다시 돌아 오는데 많은 시간이 걸리는 성질이 있다. 그것을 알고 있으므로 대부분의 사람은 주식이 내려가기 시작하면 크게 저항하게 된다. 좀 더 보다가 파는 편이 좋지 않을까 하다가 쭉쭉 내려가 버리는 경우가 있기 때문이다.

「박스 이론」이라는 것이 있다. 예를 들면 살 때보다 2할 오르면 팔아버린다. 반대로 2할 내려도 팔아 버린다. 그 한도 내에서는 손해를 보지 않는다는 사고방식이다.

보통 사람은 내리면 팔고 싶은 마음이 강해진다. 그것을 막기 위해서는 결국 자신의 마음 움직임이나 심리의 저항을 극복하는 수밖에 없는 것이므로 '박스 이론'은 그를 위해 생각해 낸 한 가지 이론이라고 생각한다.

그것을 알면서도 자신은 실행할 수 없는 사람은 증권회사에 부탁하여 자동적으로 팔도록 할 수도 있다. '150엔에 산 것이 135엔까지 내려가면 135엔으로 팔아 주시오. 단 165엔이 되면 165엔으로 팔아 주시오.'라고 부탁하는 것이다. 욕심을 부릴 사람은 내려가는 쪽은 1할 내려도 팔지만 올라가는

✚주식으로 벌기 위한 격언✚
시세에 관한 것은 시세에 물어라.
시세는 여러 가지 요소가 관련되어
서 성립한다. 분석할 수 없을 때는
흐름을 중시하라.

쪽은 2할이 올라도 팔지 말고 180엔이 되면 팔아 달라고 부탁해 둔다. 이렇게 하면 세일즈맨이 알아서 그 가격이 되면 '주문 가격에 가깝습니다. 팔까요?'라고 전화를 걸어준다.

고가 저가를 참고로 파는 방법도 있다.

주가의 움직임은 오름과 내림 밖에 없는 것이다. 그 속에서 어떻게 대처해 가면 좋을지 주식투자를 하는 사람은 여러 가지로 생각하게 된다. 그러나 총괄적으로 말하자면 팔아서 손해를 보는 경우가 많다. 그러므로 사는 것 뿐만이 아니고 어떻게 팔 것인가 하는 방법도 주식에서는 필요하지 않을까.

물론 '이것'이다 라는 멋진 방법이 있다는 것은 아니다. 어떻게 해도 손해를 보는 사람과 돈을 버는 사람이 있으므로 모두가 벌 수 있는 방법이 있다면 가격이 성립되지 않는다.

살 때도 그렇지만 팔 때의 기준을 세우는 방법도 사람 각각에 따라 다른 것이다. 이것이 자신에게 맞는 방법이라는 생각이 들면 그것으로 좋다고 생각한다.

우리 집사람이 사용하는 방법이라는 것은 가장 단순한 방식이지만 상당히 확률이 높은 것이다.

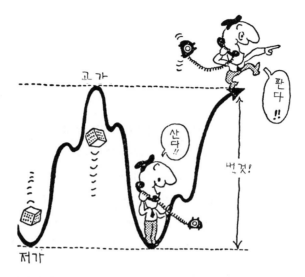

과거의 저가·고가를 기준으로 매매하는 것도 한 가지 방법

주식 전문 신문에는 그 일년 동안 가장 값이 높을 때와 가장 쌀 때가 반드시 나와 있다. 그것을 참고로 하여 자신의 성격과 맞는 주식이라거나 실정을 잘 알고 있는 주식 만을 마음에 두는 것이다.

예를 들면 어떤 제약 회사는 그 일년 동안에 싼 값이 400엔이고 비싼 값이 700엔이었다. 지금 현재 이 회사의 주식이 어떤 이유인지 알 수 없지만 400엔이 되어있다. 약이 팔리기만 하면 벌 수 있다. 400엔까지 내려가면 이미 그 이하로는 가지 않지 않을까. 그 즈음에서 사 두자 라고 생각하여 집사람은 사는 것이다.

✚주식으로 벌기 위한 격언✚
새로 일어날 때 붙어라. 장기간
저위치에서 헤매고 있던 상태가 상
승으로 바뀌면 산다.

한참 지나 보면 700엔이 되어 있다. 그 이상은 올라가지 않을 것이다. '그렇다면 팔자'라며 팔아 버린다.

이것은 그야말로 단순한 방법이지만 결코 나쁜 방법이라고는 할 수 없다. 그러나 저가와 고가 만을 보고 있으면 틀림이 없느냐 하면 그렇다고 단정 지을 수도 없는 것이다. 집사람의 경우도 고가 700엔이 되어 팔았더니 1400엔이 되었던 적도 있다. 그렇다고 손해를 본 것은 아니지만 심리적으로 손해를 본 것이다. 대개 이런 때는 번 것은 계산에 넣지 않고 벌 수 있었던 것 만을 계산하고 싶어지기 마련이다.

주식에는 '위 떠남'이라는 것이 있는 것이다. 지금까지는 700엔으로 머리 치기를 하는 버릇이 있던 주식이 700엔을 끊은 뒤 1500엔이 된다. 후지 필림이 그런 것이다. 1300엔을 끊고 2000엔 정도까지 올라갔다. 소위 신고가를 낸다. 이렇게 되면 과거의 고가를 기준으로 생각하고 있던 사람은 모두 따돌림을 당하고 마는 것이다.

고도 성장 무렵에는 그런 경우가 많았다. 자본금 5000만의 회사가 일억이 되고, 2억이 되고 2억이 4억이 되는 프로세스였다. 주식이 기하급수적으로 증가함으로 굉장히 버는 것이다. 높아져서는 다시 배액 증자하여 또 높아져 가므로 가만히 가지고 있는 편이 훨씬 벌이가 된다.

그런 시대는 파이 전체가 커질 때이므로 자신이 가지고 있는 만큼 늘어난다. 나눔 분도 많다. 그러나 지금은 파이는 파이라도 그다지 크지 않고 누군가가 크게 들어오지 않으면 올라가지 않을 듯한 상황도 있는 것이다.

150엔에 산 주식은 300엔이 될 때까지 팔지 않고 버틴다.

예를 들면 대정 제약은 상원 일족이 대부분의 주식을 가지고 있는데 주가가 너무 위로 올라가면 자신의 주식을 팔아 내려버린다. 너무 내려가면 이번에는 되돌아 사므로 상하의 일정한 폭을 유지하는 것이다. 그러므로 상한까지 가면 '이제 파는 편이 좋다'라거나 하한에 가면 이 이상 아래로는 가지 않으므로 '사는 편이 좋지 않을까'라고 생각한다.

팔든 사든 여러 가지 기준이 있어 어느 것이 바르다고는 할 수 없다. 우리들은 비교적 계산이 빠른 편이고 팔기든 사기든 그 때마다 수수료를 증권회사에 기부하기는 싫다 라는 마음이 강한 탓도 있어, 예를 들면 150엔에 산 주식은 300엔이 될 때까지는 팔지 않는다 라고 버틴다. 그동안 위로 올라가든 아래로 내려가든 무시한다. 최초부터 그렇게 정하고 300엔이 되기를 기다리는 것이다.

물론 이것은 30년대부터 40년대까지의 이야기이다. 지금은 폭이 그다지 크지 않으므로 5할 오르면 좋다고 해야 할 것이다. 예를 들면 삼릉중공이 170엔까지 내려 갔었다가 지금은 250엔이 되어 있으므로 이미 5할 이상이고, 내렸을 때 샀다가 250엔이 되면 판다 라고 하면 1회전이 끝난 것이 된다.

결국 자신이 폭을 정한 것에 따르게 되는 것이다. 그때 그때에 자신의 눈으로 판단한다고 해도 그렇게 확실한 눈이 되는 것도 아니다.

2할 오르면 판다, 3할 오르면 판다라고 자신 나름대로의 방식을 정한다. 이것이 실은 입으로 말하는 만큼 쉬운 일이 아닌 것이다. 내렸을 때 파는 것은 더욱 어렵다. 반드시 자신의 마음의 움직임을 억눌러야 할 장면이 나오므로, 다른 사람의 뒤를 따라가면 3배를 벌지도 모르지만 그보다는 자신의 방식으로 3할 벌었다는 편이 더 납득이 가지 않을까.

《구영한의 원포인트 어드바이스》
자신이 몇할 오르면 팔 것이라고 정하고 그때까지 참는 방법도 좋다.

34. 상승하기 시작한 주가가 그대로 오를 것인가 머리를 칠 것인가를 어떻게 구분할 것인가?

아무리 기세 좋게 올라가고 있는 주식이라도 반드시 어딘가에서 머리를 치는 것이다. 그러나 그 가격이 어느 정도가 될 것인지를 알기는 어려운 것이다. 아무리 과거의 값을 조사해 보아도 알 수 없다. 그러나 한 가지나 두 가지 주식만을 매일 보고 있으면 그 주식의 버릇이라고 할까, 성질이라고 할까 아뭏든 그 어떤 힌트를 잡을 수가 있다.

예를 들면 아마다라는 공작 기계회사가 있는데 한때는 900엔에서 1000엔까지 간 적이 있다. 그러던 것이 쑥 내려 500엔대 까지 갔던 것이다. 일찌기 이 회사는 가장 경기가 나쁘던 때에 565엔까지 내렸던 적이 있다. 그러면 600엔 정도가 된 때에 저가가 되었다는 것을 짐작할 수 있다. 경기가 나빠도 이 정도의 값을 유지할 수 있으므로 그다지 큰 저가도 아니라고 생각할 수 있는 것이다.

경기에 가장 민감한 것은 공작 기계이다. 이만큼 민감한 업계는 없다. 일반 수요는 경기·불경기에 그다지 관계가 없다. 텔레비젼 등은 불경기 때에도 팔린다. 에어컨도 덥기만 하면 팔린다.

그러나 공작기계나 설비는 경기가 나쁘면 회사는 물건이 팔리지 않으므로 설비 투자 따위는 하지 않는 것이다. 그러므

로 공장기계는 경기가 나빠지면 민감하게 그것을 반영하여 팔리지 않게 된다. 주가도 슬슬 내려가는 것이다.

그러나 4 년에 1번 정도 위를 향하게 된다. 수요의 주기와 도 같은 것이 있는 것이다. 예를 들면 차를 사서 4년 동안 타 다보면 상당히 고물이 된다. 양복도 체격이 변하면 입을 수 없게 된다. 사지 않으면 안될 요인이 생기는 것이다.

공작기계의 경우는 평균 4년 정도로 수요의 주기가 돈다. 그 가능성을 가지고 아마다의 주식을 생각할 수 있는 것이다. 지금은 경기가 나빠 500엔 대가 되어 있지만 일찌기는 1000 엔 대였다.단 경기가 회복되면 1000엔까지 가지 않을까 하는 예상을 할 수 있다.

500엔에 사서 600엔, 700엔이 되었다. 지금은 800엔이 되어 있으나 800엔이면 좋다 라며 파는 사람도 있다. 아니 900엔까 지는 간다라고 버티는 사람은 그동안 쭉 팔기도 사기도 하지 않고 매일 주가만 보고 있다. 이것도 상당히 고통스러운 일인 것이다.

목표 가격을 어디에 둘 것인가는 사람에 따라 다른 것이다. 주식 투자에 능숙한 사람이란 가장 바닥에서부터 사기 시작 하여 가장 위로 갈 때까지 참는 사람이다.

✚주식으로 벌기 위한 격언✚
사기 어려운 시세는 비싸다, 사
기 쉬운 시세는 싸다. 지정가 매매
로 장사가 성립되지 않을 때는 주
가가 상승하는 경우가 많다.

'이것이 가장 저가'라고 생각되면 사라.

어디까지 갈 것인지 짐작은 가지 않지만 생각해야 할 것은 여러가지 있다. 아직 작은 회사이므로 앞으로 성장할 것이다, 미국에 팔 수도 있다, 그것이 잘 되면 상당히 재미있게 되지 않을까 — 이것 저것 예상할 수 있는 것이다.

가령 1000엔을 목표로 한 경우 800엔이면 당연 참는다. 돈 사정이 좋으면 더 살지도 모른다. 실제로 500엔 대가 저가이면 600엔에 사는 사람보다도 800엔에 사는 사람이 훨씬 많다. 그러나 몇번이나 말했듯이 어디에서 머리를 칠 것인가 하는 것은 어느 누구도 모른다. 과거의 실적과 관계없이 신기록을 내는 경우도 드물지 않다.

과거 데이터를 쌓아놓고 아무리 열심히 추리해도 어디가 가장 저가이고 어디가 가장 고가인지 알 수는 없다. 그러므로 가장 저가에 사서 가장 고가일 때 팔수는 없다고 처음부터 생각하는 편이 좋은 것이다. 거기에 가까운 방법으로 하는 수밖에 없다.

이것이 가장 싼 가격이다 라고 생각되면 거기에서 사는 것이다. 내리면 또 산다. 내린 곳에서 또 사는 것은 현실적으로

✚주식으로 벌기 위한 격언✚
손해 포기는 재빠르게. 던질 판
단을 못하여 크게 손해를 보는 경
우가 많다. 던져야 할 때는 재빨리
던져라.

손해이므로 싫은 생각이 들지만 이렇게 하는 수밖에 없다. 난
평으로 사는 것이다. 그러나 그 회사에 허술함이 없는 이상
반드시 어딘가에서 멈춘다. 그때가 올 때까지는 싫은 곳에서
싼값을 지불해야 하는 것이다.

팔 때도 마찬가지로 1000엔이 되면 팔겠다는 목표를 세워
도 900엔 정도가 되면 팔기 시작한다. 어디가 가장 고가인지
지나치지 않고서는 알 수 없기 때문이다.

900엔에서 시작하여 920엔, 930엔에서 난평 팔아 올리기를
한다. 결과적으로 보면 최초에 판 것이 가장 고가인 때도 있
는 것이다.

판 뒤에 내려가면 그때 전부 팔아 버릴 것을 하고 후회하게
된다. 그러나 주식 투자에는 반드시 그런 '쓸쓸한 맛'이 붙어
다니는 것이다.

「역사는 반복된다」라고 말하지만 조건이 모두 다르므로 전
과 똑같다고는 할 수 없다. 다만 개략적으로 과거를 기준 삼
는 것이다. 인간이 어리석다는 것은 몇 천년이 지나도 마찬가
지이다. 어떤 식으로 어리석은가는 시대에 따라 다를 뿐이다.

주식에 대해서 말하자면 고가와 저가가 있다는 것은 틀림
이 없다. 주가는 그런 움직임 밖에는 없으니까. 그러나 도대

✚주식으로 벌기 위한 격언✚
팔기 어려운 시세는 싸고, 팔기
쉬운 시세는 비싸다. 지정가 매매
장사가 성립되지 않을 때는 주가가
하락하는 경우가 많다.

체 어디까지 갈 것인가, 그것이 언제가 될 것인가는 과거의
일을 기준으로 하여도 측정할 수 없는 편이 많은 것이다. 그
런 의미에서 주식투자에는 추리 소설과 같은 재미가 있는 것
이다.

**역사가 반복된다면 경험자는 모두 주식으로 큰 부자가 될
수 있다.**

옛날과 같이 하기만 해서 된다면 간단하다. 만일 그렇다면
노인은 모두 부자가 되어 있을 것이다. 그러나 세상에는 경험
만으로는 통용되지 않는 일이 많이 있다.

내가 처음으로 주식을 하던 무렵 「중앙공론」에 주식 이야
기를 썼다. 중앙공론 사장이 증권회사 사람과 만났는데 그가
나에게 대해 좋지 않은 말을 했던 것 같다. 나와 사이가 좋은
편집자가 그것을 알고 곧 전화를 걸어왔다. '증권회사 사람이
좋지 않은 말을 했어'라고 하여 '뭐라고 했는데'라고 물으니
'초보자라고 했네' — 나도 지지 않고 말해 주었다.

'처음하는 것이니까 초보자인 것이 당연하지 않아? 도대체
경험자란 뭐야, 초보자가 몇십년 경험을 쌓으면 되는 것 아닌

가? 만일 경험이 주식투자에 도움이 된다면 나이 순으로 부자가 되어야 하지 않아 그렇지 않은가?'

경험을 쌓는다고 해도 그 경험은 어디까지나 과거의 것이며 미래의 경험은 아니다. 똑같은 일이 반복되는 경우에는 경험이 도움이 될지 모르지만 오히려 방해가 되는 경우가 많은 것이다. 나는 언제나 초보자의 생각을 존중한다.

나는 일본에서는 처음으로 비지니스호텔이라는 것을 만들었는데 그 때도 호텔업의 경험자는 한 사람도 고용하지 않았다. 지금까지의 호텔과는 전혀 다르므로 경험자를 고용하면 이것은 안된다. 저것은 안된다 라고 할 것임에 틀림없는 것이다.

그 무렵 누구나가 호텔은 연회 부문이 돈을 벌어 줄 것이라고 생각하고 있었다. 연회가 없으면 호텔은 성립되지 않는다 라는 것이 상식이었다. 그러나 나는 그것은 일류 호텔의 사고방식이고, 지방에서 동경으로 출장오는 사람은 빈약한 출장비로 숙박을 하므로 되도록 싼 호텔에 묵고 싶을 것이라고 생각하고 있었다.

그런 사람들은 동경 본사 사람이 왔을 때는 식사 대접을 했으므로 이번에는 자신이 동경에 왔으니 대접받을 차례라고 생각하여 몇일 전부터 전화를 걸어 함께 식사할 약속을 하는 것이다.

그런 때 누가 삼류 호텔에서 식사를 하겠는가. 혼자서 밖으로 나가 식사할 것이다. 그러므로 나는 '식사가 나오지 않는 호텔'을 상정하여 '비지니스 호텔'이라는 이름을 붙였던 것이다.

주식시장도 마찬가지로 다음에 일어날 파도는 옛날 파도와
는 다른 것이다. '매매 기준 가격을 잊어라'라는 말은 그런 뜻
인 것이다.

《구영한의 원포인트 어드바이스》
경기에 민감한 공작 기계 등은 4년에 한 번 주가가 상승하는 경우가 많
다.

35.내려갈 듯한 주식은 전부 팔아 버리는 편이 좋은가?

주식투자 방법은 그 사람이 무엇을 기준으로 하고 있는가에 의해 변해 간다고 생각한다.

주식은 본래 재산 형태의 한 가지이므로 기본적으로는 주식을 가지고 그 주식수만 늘리면 되지 않느냐 하는 사고방식도 있을 수 있다. 오늘 주식이 비싸다고 해도 팔아버린 돈으로 살 수 있는 것은 적다. 가령 300만엔의 주식을 팔아 토지를 살 수 있는 것은 아니다. 정기 예금을 하는 것도 내키지 않는다. 결국 판 돈으로 또 주식을 사는 사람이 많다. 그 때문에 주식시장에서 흐르는 돈은 예상 외로 줄지 않으므로 주식은 언제나 강하다 라고 할 수 있다.

그 사고방식에서 보면 아뭏든 주식을 많이 가지고 있는 것이 좋다. 다만 시대 시대에 따라 인기가 있는 주식과 그렇지 않은 주식이 있으므로 주식에서 주식으로 바꾸어 타면 좋다라고 생각할 수 있다.

또 한 가지, 현금을 기준으로 한 사고방식도 있다. 금액적으로 증가하기만 하면 특별히 주식 수 따위는 줄어도 마찬가지가 아니냐 하는 사고방식이다.

예를 들면 500엔에 산 주식이 1000엔에 팔려 돈은 배가 되었다. 그런데 그 주식이 1200엔이 되었다. 그것을 또 1200엔에 산다면 주식 수는 줄었어도 금액으로써는 줄지 않았고 그

것이 또 2000엔이 되면 역시 번 것이 된다.

산 때보다 1할 내리면 반드시 판다. 2할 올라도 반드시 판다. 이런 사람은 언제나 현금을 기준으로 하여 사물을 생각하는 사람이다. 위험을 어디에서 방지할 것인가 열심히 생각하여 자신 나름대로의 방식을 실행하고 있으므로.

그러나 어떤 생각을 하고 있었든 처음부터 끝까지 원칙을 고집할 필요는 없지 않을까. 이것은 내린다 라고 확신할 수 있으면 가지고 있는 주식을 전부 팔아 버려도 좋을 것이라고 생각한다. 그렇다고 해서 주식을 그만 두라는 것은 아니다.

'쉬는 것도 거래'라는 말이 있다. 팔았다 샀다 하는 것만이 주식투자가 아니다. 어떤 시기에는 주식을 한개도 가지지 않고 아무것도 하지 않으면서 그저 보고 있는 것도 주식투자이다 라는 의미이다. 이것이 매우 어렵다. 좀처럼 하지 못하는 것이다.

주식 투자를 하는 사람은 밥을 먹는 것 같이 습관이 되어 버린다. 일종의 중독이라고도 할 수 있을 것이다. 그런 사람에게 전부 팔고 쉬라는 것은 고통스러운 말이다. 그런 하기 어려운 일을 해 보라고 이 격언은 가르치고 있다.

다만 현실적인 문제로, 20만엔으로 시작했다면 역시 최근에는 현금 주의이므로 재산을 만들기 위해서는 좀 더 금액을 늘려야 할 것이다.

대부분의 경우는 이제 주식으로 벌어도, 손해를 보아도 별로 생활과 관계가 없으므로 아무래도 좋다 라는 생각이다. 우리 집사람은 '돈으로 환산해 보았더니 늘었다'라는 말을 한다. 재산을 현금으로 가지고 있는 것에 익숙한 사람은 아무래도 현금을 기준으로 생각하는 버릇을 고칠 수가 없다.

내가 주식을 시작한 성장주 시대에는 계속 주식이 늘어 나고 있었다. 값이 내려도 한동안 지나면 또 다시 돌아올 것이라는 기대가 있으므로 주식 수를 늘리는 편이 좋다고 생각하고 있었다. 실제로 배액 증자가 있거나 하면 그 편이 파는 것보다 득이 되던 시대였다. 최근에는 올랐다 하면 그 상태로 그대로 있고 내렸다 하면 그 상태로 그대로 있는 경향이 강하다. 그러므로 주식수 만을 많이 가지고 있다고 해도 별 도움이 되지 않는 느낌도 든다.

지금 주식은 상당히 인기가 있으나 어려운 시대라고 생각한다. 이 이상은 오르지 않을 것이라고 생각하여 그것을 팔고 다른 주식을 사고 싶은 마음이 끊임없이 생긴다. 증권 회사에 수수료만 벌게 하고 자신은 조금도 벌지 못하는데, 세상도 회사도 자꾸 변해간다. 그것을 완전히 무시하고 그저 주식을 가지고만 있을 수도 없는 것이다.

《구영한의 원포인트 어드바이스》
때로는 주식을 지니지 말고 가만히 시세를 보는 것도 훌륭한 주식투자이다.

36. 주식으로 벌기 위해서는 장기 투자를 할 것인지 단기투자를 할 것인지 의식하고 해야 할 것인가 ?

옛날에는 오래 가지고 있으면 그동안 회사가 착실하게 증자하여 착실하게 주식 수를 늘려 주고, 게다가 주가는 고가를 유지하는 그야말로 고마운 주식이 있었다. 예를 들면 삼정 부동산 등은 그 대표적인 것이라고 할 수 있다.

1960년 내가 주간지에 주식 이야기를 썼을 때 앞으로 성장할 회사 중 하나에 삼정 부동산을 들었던 적이 있다. 그 무렵 삼정 부동산 본사는 삼월 부근의 초라한 빌딩 속에 있었고 사장은 에도 히데오였다. 당시에는 아직 그다지 이름이 알려져 있지 않았으나, 그후에도 에도씨는 재계인으로서 대단히 유명해졌다.

나는 에도씨를 방문하여 '당신 회사는 앞으로 성장할 회사라고 생각되어 이야기를 듣고 싶어 왔읍니다'라고 하자 에도씨는 '지금까지 부동산 회사를 성장 회사라고 말하는 사람을 본 적이 없읍니다'라며 놀랐다.

물론 내게는 그 나름대로의 근거가 있었다. 일본의 경제가 발전하면 부동산도 값이 오른다. 그 무렵 삼정 부동산은 동경만의 매립지를 비롯하여 새로운 토지를 조성하고 있었고 그것이 드디어 새로운 가치를 만들어 낼 것임에 틀림없었으므로 꼭 성장할 것이다 라고 썼던 것이다.

그리고 그로부터 15년 정도가 지나 오랫만에 에도씨를 만
났을 때 '옛날 당신 회사가 성장 회사라고 말했을 때 웃은 적
이 있으신데 지금은 어떻읍니까'라고 말했더니 에도씨는 '정
말 그렇게 되었군요'라며 싱글벙글 웃었다.

내가 삼정 부동산을 추천할 때 이렇게 설명한 적이 있다.

'이런 회사의 주식은 값이 오르면 그만 팔고 싶어져 버린다.
그러나 한 번 팔아 버리면 값이 쑥 오른 때 사고 싶어지므로
한 번 샀으면 명의변경을 해 두고 주권은 찢어 버리는 편이
좋지 않을까. 이렇게 하면 팔고 싶어도 팔 수가 없다. 이름만
등록되어 있으면 주권은 없어도 주식은 증자할 때마다 자연
히 늘어간다. 이런 장기투자 방법도 있는 것이다.'

자산주가 장기투자에 적합하다고는 단정할 수 없다.

그러나 당시 일반인에게 장기 투자의 대상으로 생각되고
있던 것은 내가 말하는 것과는 전혀 다른 것이었다. 동경전력
이나 관서전력이나 경가스 주식 등이 그것이었다. 액면 500엔
으로 주가도 500엔, 액면 50엔의 주식이 50엔이나 60엔 정도
였으나 반드시 9퍼센트나 10퍼센트의 배당을 하라는 것이 정

자산주는 시대에 따라 가치가 변한다.

부로부터 보증되어 있었다. 배당을 하지 않게 되면 전력 값을 올려버리므로 배당은 반드시 받을 수 있다.

이런 회사의 주식은 자산이 됨으로 장기적으로 가지고 있는 편이 좋다 라고 생각하는 것이었다.

즉 이런 주식이 장기 투자에는 최고라고 생각되고 있었다. 그러나 자산주라는 것은 시대에 따라 변하는 것이다. 당시는 일본 자동차가 미국을 따라 잡으리라고는 꿈에도 생각지 못하고 있었으므로 자동차 주 따위를 보는 사람은 없었다. 일청 방직이나 모리나가가 자산주라고 일컬어지고 있었던 것이다. 지금은 그들을 자산주라고 해도 아무도 찬성해주지 않을 것

144 초보자를 위한 주식입문

이다.

그러므로 옛날 그대로의 의미로 장기투자를 하려면 몇년에 한번은 이 주식은 계속 가지고 있어도 좋은 주식인가 어떤가 재검토해 볼 필요가 있다. 일찌기 칼피스나 어행모직 등은 자산내용이 좋은 회사라고 일컬어지고 있었다. 지금의 자산 내용을 보면 역시 토요다 자동차가 최고일 것이다. 그러므로 토요다의 주식을 쭉 가지고 있는 편이 좋다 라는 사고방식이 당연히 성립된다.

그러나 주식투자는 지속적으로 가지고 있는 것만으로는 그다지 의미가 없는 것이다. 주식에는 오름, 내림이 있으므로 그 사이를 빠져 나가 돈을 벌 찬스가 있는지 없는지를 생각해야한다. 그럼으로써 비로소 주식투자의 묘미를 향수할 수 있지 않을까.

그렇게 되면 장기투자의 대상도 바꾸지 않을 수 없다. 옛날과는 달리 성장 회사를 찾기는 매우 어렵게 되었으나 역시 이 상태 속에서도 잘 성장해 나가고 있는 회사의 주식을 지속적으로 가지고 있는 편이 좋지 않을까.

단기 투자는 요컨대 가격의 폭을 취할 수 있느냐 하는 이야기이다. 이것이 없다면 주식투자의 맛이 줄어들어 버린다. 저축과 같이 되어 버리는 것이다.

《구영한의 원포인트 어드바이스》
성숙 회사라도 성장이 계속되는 회사는 장기투자의 대상이 되지만 주식이 낳는 맛은 역시 가격의 폭에 있다.

37. 자신이 가지고 있는 주식의 회사 움 직임에 주목하면 벌 수 있을까 ?

주가에 주는 영향은 역시 업적의 변화가 가장 중요할 것이다. 업적이 좋아져 이익이 올라가면 주가는 올라가는 것이 보통이지만 큰 회사가 되면 매우 적은 변화로는 꿈쩍도 하지 않는 주가도 있다.

신제품이나 신상품이 있어도 주가는 움직인다. 어느 회사나 신제품은 만들고 있지만 인기를 불러 일으키느냐가 문제이다. 예를 들면 제약업계에서는 암 치료제가 발명되면 이것은 굉장한 것이 된다. 지금까지 그런 이야기가 몇 번이나 있었고 그때마다 주가는 올랐다. 그러나 가짜 냄새가 나는 것이 많았다. 약의 경우 새로운 연구 성과가 나와도 그것이 회사의 업적에 공헌하기 위해서는 5년이 걸릴지 10년이 걸릴지 알 수 없다. 그래도 주가는 오르는 것이다.

이것은 다른 신제품도 마찬가지이다. 즉, 주가는 완전한 업적에 의해 좌우되는 것이 아니고 인기적 요소가 상당히 큰 비중을 차지하고 있다는 것을 나타내고 있다. 현실적으로 소문일 뿐인데 주가가 100엔이나 쑥 오른 경우도 있다. 그것이 가짜라는 것을 알면서도 무시할 수 없는 경우도 있다.

다만 보통 사람이 냄새를 맡은 때는 대체로 늦다. 신문에 나면 늦은 것이다.

내 경우는 소식통으로부터 이야기를 들을 찬스도 많고 세

✚주식으로 벌기 위한 격언✚
오름은 각자, 내림은 함께. 주가
는 상품에 따라 오르는 방법이 여
러 가지이지만 내릴 때는 모두가
함께 내린다.

상 일반인에 비하면 상당히 빠르게 귀에 담고 있을지 모르지
만 그 때문에 주식에 득을 본 경우는 거의 없다.

앞에서 말했듯이 자신의 귀에 들어왔을 정도이므로 다른
사람은 모두 알고 있어 이내 시세는 끝이다 라고 생각하는 편
이 좋다. 그리고 분명히 말해서 정말 도움이 되는 뉴스인지
어떤지 정확하게 판단하기 어려운 것이다. 그러므로 나는 돌
연히 어떤 뉴스가 귀에 들어 오고 '이 주식을 사라'라는 말을
들어도 내가 벌 돈이 아니라고 포기하고 처음부터 거기에는
가까이 가지 않도록 하고 있다.

돈을 번다는 것은 찬스가 있으면 무엇이든 자신의 것이된
다 라고 생각하는 것은 잘못인 것이다. 자신에게 맞는 돈 벌
이가 있다 라고 생각하지 않으면 매일 발을 동동 구르게 되지
않을까. 요컨대 다른 사람의 페이스로 일을 해서는 안된다.
시세를 볼 때도 그 정도의 깨달음은 가지고 있을 필요가 있는
것이다.

본래 일반인에게는 다른 사람보다 앞서서 뉴스를 알 방법
이 없는 것이다. 신문이나 잡지로 아는 수밖에 없다. 다만 그
경우에라도 읽는 법은 있을 것이라고 생각한다. 가장 도움이
되는 것은 시대의 큰 흐름이다. 그것을 만들고 있는 것은 무

엇인가를 생각한다. 계곡의 물이 갑자기 저 양자강 하구까지
흘러 가는 것이 아니다. 조금씩 물이 모여 점점 큰 흐름이 되
어 간다. 이 조금의 흐름도 베링해에서 갑자기 바시해협까지
가는 것이 아니다. 역시 하나의 흐름이 조금씩 움직여 가는
것이다.

　그러므로 그런 흐름을 보고 이 기업이라면 대강 이 방향으
로 갈 것 같다 라는 탐색법을 찾는 것이 좋지 않을까 생각한
다. 업적이라거나 새로운 계획이나 신제품의 발매 등도 그 흐
름 속에 넣으면 새로운 발견도 생겨나는 것이다.
　자주 회사의 인사에 신경을 쓰는 사람도 보는데 회사의 인
사와는 그다지 관계가 없다. 곧 회사의 업적이 좋아 질 것도
아닌데 실제로 주가 많이 오른다. 그러나 정말 좋아질지 어떨
지 역시 불안하다.
　핀치에 빠졌을 때의 선수 교체로, 게다가 거물이 교체되면
분명히 인기가 모인다. 그러나 보통 회사에서 부사장이 사장
으로 승격한 정도로는 주가에는 거의 관계가 없을 것이다. 특
히 순조롭게 되어 가고 있는 회사의 사장이 바뀌어도 전혀 문
제가 되지 않는다.

아무튼 되도록 큰 눈으로 시대의 흐름을 읽으려는 마음 가
짐이 좋을 것이다.

《구영한의 원포인트 어드바이스》

회사의 움직임은 신제품 개발 등에 의해 그 회사가 시대의 큰 흐름을
타고 있는가 어떤가를 본다.

38. 주식의 배당은 기대할 수 있는가 ?

주식을 가지면 배당금은 자연히 들어오지만 매우 적은 것이다. 전전(戰前)에는 6퍼센트에서 8퍼센트 정도였다. 가령 정기 예금의 이자를 6퍼센트로 하면 주식의 배당은 늘었다 줄었다 하여 불안정하므로 그보다 많은 7퍼센트나 8퍼센트 정도 주는 것이 당연하다라고 생각되고 있었던 것이다.

그러나 전후(戰後)가 되어 소위 이율 혁명이 일어났다. 주식은 이율로 얼마 받는 것이 아니고 그 회사에 장래성이 있느냐 없느냐에 의해 매매하는 것이다 라는 식으로 생각이 변한 것이다. 그 때문에 50엔의 주식이라도 1500엔, 2000엔에 매매되게 되었다. 50엔의 주식은 2할 배당이라 해도 단 10엔이다. 주가가 1500엔이라면 1년동안 1500엔에 대해 10엔 밖에 배당이 없는 것이므로 1퍼센트도 되지 않는 것이다.

이것은 누가 생각해도 우스운 것이다. 그러므로 배당금을 받을 뿐이라면 주식을 해서는 안되는 것이다. 지금은 이미 배당금을 기대하고 있는 사람은 거의 없다. 모두 오름·내림으로 벌 것을 생각하고 있다. 개중에는 배당금으로 생활하고 있는 사람도 없는 것이 아니지만 그런 사람은 주주라기 보다 그 회사의 소유자에 가까운 사람이다 .

옛날에는 전력주에 9퍼센트나 1할 배당을 주었다. 주가가 500엔이나 600엔이 되면 50엔 정도의 배당이 있었고 그 배당으로 생활할 수도 있었던 것이다.

✚주식으로 벌기 위한 격언✚
　소동이 있으면 사라. 대사건이나
재해가 일어나면 마음이 약해져 팔
기가 많이 나오는데 그 뒤 큰 반발
이 있는 경우가 많다.

　지금은 주가가 모두 높아졌으므로 일본의 평균 이율은 10
퍼센트 남짓하다. 주가에 비해 배당이 너무 싼 것이다. 전력
주 등은 아직 좋은 편이다. 한 주 1000엔으로 배당은 55엔 이
므로 5백엔의 배당금을 받기 위해서는 10만주 1억엔의 돈이
필요하다. 그러나 우편저금보다 훨씬 율이 나쁘다.

　후지 필림 등은 전혀 이야기가 되지 않는다. 주가는 2000엔
이므로 10만주 사면 2억엔이 된다. 1주 50엔으로 배당은 8엔
50전이므로 십만주에 85만엔 밖에 되지 않는다. 배당을 기대
하는 것은 바보 같은 일이다.

　인컴 · 게인이라는 말이 있다. 일년에 한 번 있는 배당금이
나 이자를 말하는데, 이에 대해 캐피탈 · 게인이라는 것은 최
초에 지불한 돈이 늘어나서 얻는 소득이다. 주식에 관해 말하
자면 총체적으로 인컴 · 게인은 줄고 지금 주식을 하고 있는
사람은 모두 캐피탈 · 게인만을 생각하게 되었다.

《구영한의 원포인트 어드바이스》
　옛날과는 달리 배당의 액은 문제가 되지 않으므로 주가의 오름, 내림
만을 목표로 하라.

39. 주식을 샀으면 반드시 명의변경을 하지 않으면 손해를 보는가?

주식을 샀을 때는 주권의 명의는 아직 전 사람의 것으로 되어있다. 그대로 명의변경을 하지 않고 놓아두면 배당금도 전 사람에게 가게 되고 만다.

명의전환은 증권 회사에 말하면 해준다. 물론 주권을 가지고 가야 한다. 속에 회사 도장을 받아야 하는데 비록 미미한 배당금이라도 받아야 겠다고 생각한다면 명의를 전환해 두어야 한다.

그러나 2,3일 후에 팔아버릴 생각이면 특별히 시간을 들여 명의변경을 할 필요는 없다. 또 주식을 많이 가지고 있는 사람은 그런 것으로 세금이 징수될 우려가 있다면 다른 사람의 명의로 증권금융을 하는 편이 좋으므로 그냥 놓아둔다. 실물로 산 주식을 신용의 형으로 바꾸어 버리는 사람도 있고, 이것은 여러 가지이다. 절세라든가 세금 회피, 그 외의 작은 테크닉은 그렇다 치고 보통 사람은 그 주식을 오래 가지고 있을 생각이면 명의변경을 해 두는 편이 좋을 것이다.

자신이 아닌 부인이나 자식의 명의로 할 수도 있다. 단, 증여세의 문제가 있다.

자칫 한도를 넘는 액을 자식의 명의로 하거나 하면 세무서로부터 '증여세를 지불하라'라는 독촉이 오기도 한다.

주식의 경우는 잘 모르지만 요즘은 세무서도 수입이 부족

✚주식으로 벌기 위한 격언✚
강기(强氣)도 약기(弱氣)도 주식
으로 벌 수 있지만 욕심은 안된다.
어느 정도까지 벌면 그 이상은 욕
심 내지 말라.

함으로 묘한 것에 열심인 것이다. 예를 들면 상장회사의 주주
명부를 보고 가족이라고 여겨지는 이름이 계속되어 있으면
그것을 조사한다. 그 한 사람이 세 살난 어린이이거나 하면
'증여세를 지불하라'라고 한다.

배당금은 1년에 10만엔 이하라면 신고의 의무는 없다. 10만
엔의 배당금을 받기 위해서는 대략 1000만엔 가까운 주식을
사야 하므로 보통 사람은 그다지 세금 걱정을 할 필요는 없을
것이다.

배당금이 많은 사람은 그 나름대로 생각할 수 있다. 우편적
금이나 은행예금은 300만엔 이하면 아무말도 없으므로 가족
한 사람 한 사람에게 300만엔씩 분담해 두고 있는 집이 많은
데 주식에서도 마찬가지인 것이다. 부동산이면 반드시 체크되
지만 주식은 그다지 엄격하지 않다. 그렇다고 탈세의 온상이
라고 말할 수도 없다. 가공 명의도 있을 수 있지만 양이 많아
지면 드러나게 된다.

《구영한의 원포인트 어드바이스》
많은 주식을 사 단기 승부할 것이면 필요없지만 오래 가지고 있을 것이
면 명의변경해 둔다.

40. 같은 주식이라면 동경에서 사도 오오사까에서 사도 마찬가지인가 ?

　아직 텔레비젼도 없고 전화도 없던 무렵 쌀 거래 등은 산에서 산 사이에 깃발을 세워 신호를 했다는 일화가 여러가지 남아 있다. 그 시대의 미련으로 지금 일본 내 9개의 증권 거래소가 있으나 지방 거래소는 거의 죽은 것 같다.

　오오사까도 동경의 사진 시세(똑같다는 의미)이다. 즉 동경이 이렇게 되면 그 순간 오오사까도 마찬가지로 움직인다. 오오사까 사람도 주식의 거래는 오오사까에서 하지 않는 사람이 많은 것이다. 크게 사거나 파는 사람은 왠지 모르지만 동경에서 한다.

　내가 아는 사람 중에서 오오사까에서 증권회사를 하고 있는 사람이 있다. 어떤 때는 내가 '앞으로 오오사까는 지반 침하하여 미니 동경이 될테니까 동경에서 거래를 하지 않으면 안될 거야'라고 했더니 당시 몇억원을 들여 동경의 증권거래소 회원권을 샀던 것이다. 10년 후 그 사람이 내게 인사를 와서 '선생님이 말씀하신 대로 동경에 진출했었는데 오늘 날에는 거래의 90퍼센트는 동경에서 하고 있읍니다'라고 말했다. 그쪽에서 전화나 텔렉스로 연락하여 동경 시장에서 사고 파는 것이다.

　시장의 스케일이 커지면 파는 것도 많아지고 살 것도 많아진다. 옛날에는 다랑어나 가다랭이포의 어선이 일본으로 돌아와 팔 때에 가까운 항에 배를 풀었던 것이다. 그러나 작은 항에서는 아무래도 팔기 어렵다. 항과 여자는 돈이 떨어지면 인연도 떨어진다고 일컬어지는데, 돈을 지불할 사람이 많이 있는 큰 시장이 아니면 값이 싸게 매겨져 팔리거나 하므로 아무래도 큰 항으로 가게 되는 것이다. 증권 거래소도 그와 같다.

증권회사는 자주 동경과 오오사까 사이를 연락하여 1엔 싸면 동경에서든 오오사까에서든 그 주식을 사기도 하고 팔기도 하는 것으로 동경에서 사서 오오사까에서 팔기도 하고 그 반대로 하기도 한다.

이렇게 하여 조금이라도 차이가 있으면 증권회사가 스스로 매매한다. 비록 1엔 차이라도 증권 회사는 1엔 싼 것을 사고 1엔 비쌀 때 판다.

증권 거래소에 지불하는 수수료는 적으므로 끈기있게 하루에 몇번이고 반복하여 몇백만주를 사기도 팔기도 하는 것이다. 이 방법을 '잔디 깎기'라고 부르고 있는데 '잔디를 잘라 값을 가지런히 한다'라는 의미이다.

그러므로 동경에서 사도 오오사까에서 사도 값은 대체로 같은 것이다. 구태여 말하자면 오오사까 상품이라는 것이 있다. 오오사까에만 상장되어 있는 주식도 있고, 동경에도 상장되어 있지만 오오사까에 소지주가 많이 있고 동경에서는 그다지 매매가 되지 않는 것을 말한다.

예를 들면 오엠제작소 등은 동경에도 상장되어 있으나 언제나 신문의 주식란에는 막대기가 그어져 있다. 나도 이 회사의 주식을 백만주 단위로 산 적이 있었는데 오오사까에 전화를 걸어 '얼마? 그것 사겠읍니다, 10만주'라고 했다.

　전국 상품이라고 불리는 것은 거의 동경에서 승부하고 있다 라고 생각해도 좋을 것이라고 생각한다. 특수한 상품을 빼놓고 '동경에서 사는 것보다 오오사까에서 사는 편이 득이다'라고 할 일은 없다. 증권회사가 열심히 '잔디 깎기'를 하고 있으니까.

《구영한의 원포인트 어드바이스》
　증권 회사의 '잔디 깎기'로 오오사까도 동경도 같은 값이 되어 있지만 전국 상품이라면 동경에서 승부하라.

41. 아무래도 신용 거래를 하고 싶을 때 명심해 두어야 할 포인트는 무엇인가?

마침 주식에 열중해 있고 특히 가지고 있는 돈이 부족할 때는 그만 신용거래에 의지하고 싶어진다. 내가 보는 한 그다지 주식에 견식도 없고 돈도 많이 가지고 있지 않은데 신용으로 많은 주를 샀다 팔았다 하던 중에 꼼짝달싹 할 수 없게 된 사람들이 있다.

우리 집사람은 한번 신용 상품이란 얼마나 신용할 수 있는가 하고 일경금(日輕金)을 산 적이 있다. 천주였는데 산 순간 내려가 집사람도 포기하고 돈을 지불하러 갔다. '현금 거래'라고 하여 실물을 청구하였던 것이다. 그리고 내게 말하기를 '무엇이 신용 상품이예요. 조금도 신용할 수 없는데'라고 웃었던 것이다.

나도 10일이 지나지 않으면 만기가 되지 않을 때에 아무래도 사고 싶은 주식이 있어 청구하는 식으로 한 적이 있다. 그러나 보통 사람, 특히 초보적으로 주식을 사는 사람이나 혹은 가정의 주부 등은 하지 않는 편이 좋다고 생각한다. 초보자가 하면 위험이 매우 큰 것이다.

이미 아주 오래 전의 이야기이지만 새 증권회사의 성적표를 본 적이 있다. 그 회사의 1년 동안의 이익은 딱 6억엔이었다. 주가가 오르고 있는 때였으나 그 회사를 이용하여 신용거래를 하고 있는 사람이 손해를 보고 있는 돈도 딱 6억엔이었

✚주식으로 벌기 위한 격언✚
큰 이익을 얻으려면 작은 이익으
로 싸우지 말라. 눈 앞의 이익을 구
하여 신경을 너무 쓰면 큰 이익을
얻을 수 없다.

다. 증권회사 사람이 웃으며 '선생님, 이것 좀 보십시오. 신용
으로 사면 이렇게 되는 것입니다'라고 말했으나 이것은 내게
만 살짝 말한 것이고 자신들은 그것으로 장사를 하고 있는 것
이다.

위험하다는 것은 알고 있어도 신용 거래를 좋아하는 사람
이 많이 있는 것이다. 이런 사람들에게 하지 말라고 해도 소
용이 없지만 하는 사람은 주의 하여 깊이 빠져들지 않는 편이
좋다.

예를 들면 신일철(新日鐵)과 같은 큰 회사의 주식이면 5천
주를 팔아도 절대로 3배가 되지는 않으므로 큰 일은 없다. 그
러나 품박주의 투기 대상이 되는 주식은 눈깜짝할 사이에 3
배가 되는 일이 일어나는 것이다. 반대로 말하자면 자본이 적
은 회사의 품박주로 신용 상품이 된 것을 겨냥하여 치는 것이
프로의 방법인 것이다. 초보자라면 그런 주식은 절대로 신용
으로 거래하지 않는 것이 중요하다.

《구영한의 원포인트 어드바이스》
회사의 자본이 적고 품절인 주식은 사지 말것.

42. 계절에 따라 주식을 매매하는 것이 좋을 때 나쁠 때가 있는가 ?

농업 회사는 기후에 영향을 받는다. 일본인이 만나 인사할 때 날씨 이야기부터 시작하는 것은 옛부터 농경 사회였던 것과 관계가 있다고 생각된다.

한편 공업회사는 날씨에 영향 받지 않는다는 것을 전제로 한다. 또 그 방향으로 가져가려 노력하고 있다. 냉방이니 온방이니 하는 것도 바깥의 온도와 관계없이 가장 쾌적한 온도를 만들려는 움직임이다. 온상을 만드는 것도 오이나 토마토 등을 겨울에 먹을 수 있도록 하기 위해서이다. 즉 공업은 인간의 문명을 날씨나 풍토, 그런 것에 좌우되지 않는 방향으로 가져 가려는 생각을 하고 있다.

주식 시장은 공업 사회가 낳은 제도 중 한 가지이므로 농업이나 어업에 관계되는 것은 적고 거의가 공업과 관계가 있는 것이다. 그러므로 주식 시장 그 자체가 날씨, 풍토의 영향을 받지 않는 방향으로 움직이고 있다.

그러나 인간은 그렇지 않은 면도 있다. 겨울이 되면 추워질 것을 알고 있으면서도 '개미와 배짱이'의 이야기처럼 여름 동안에 겨울 준비를 하지 않는다. 인간에게는 의외로 배짱이적인 면이 있는데, 정말로 추운 북풍이 부는 날은 스웨터가 잘 팔린다. 올 여름은 더워 에어컨이 매우 많이 팔렸다.

그런 것을 만드는 회사는 역시 돈을 버는 것이다. 슈퍼마켓

이나 백화점도 매상이 늘어난다. 더우면 당연 맥주의 매상도
오른다. 겨울에도 추우면 여러가지 잘 팔리는 상품이 있으므
로 기후와 매상은 깊은 관계가 있음이 분명하다.

그러므로 여름이 되면 기린 맥주의 주식이 오르므로 그런
것을 사면 좋지 않느냐 라고 일컬어지던 시대가 있었던 것이
다. 옛날에는 칼피스 등도 여름이 되면 주가가 올랐으므로 계
절감을 부채질하는 듯한 주식 시세가 있었던 것이다.

최근에는 겨울에도 아이스크림을 먹고 맥주도 마신다. 더운
여름에 비싼 수영복이 팔리므로 계절의 영향이 없다고는 할
수 없지만 점점 적어지고 있다.

즉 그 정도로 기업전체에 영향을 주는 경우는 없다고 보아
도 좋을 것이다. 계절의 영향을 받아 좋았다 나빴다 한다는
것은 기본적으로 잘못이다. 성장하는 기업은 그런 것과는 관
계없이 성장하는 것이다.

주가라고 하면 계절 상품이 팔렸다고 해도 주가가 배가 되
는 일은 있을 수 없다. 겨우 2,30엔 차이가 있을 뿐인 것이다.

지금 일본의 주식에서 점점 고가가 되어 가는 것은 거의 컴
퓨터와 관계가 있다. 가정 전화가 아닌 것이다. 아무리 에어
컨이 잘 팔려도 주가는 대수롭지 않은 것이다. 인기는 전자공

✚주식으로 벌기 위한 격언✚
움직이지 않는 주식에 손을 대지
말라. 일반 투자가가 단기 투자로
벌려면 지금 현재 움직이고 있지
않는 주식에 손을 대어서는 안된다.

업 관계로 보이고 있다. 이것은 이미 계절과는 관계가 없는
것이다.

이 다음 계속해서 성장하여 일찌기의 텔레비젼처럼 가정에
까지 들어오게 될 것은 아마 퍼스컴일 것이며 오피스 · 컴퓨
터일 것이라고 우리들은 머릿속으로 본능적으로 가름하고 있
는 것이다. 이런 상태면 컴퓨터 관계업계는 매상이 매년 20퍼
센트씩 신장되어 가지 않을까 하는 기대감이 있으므로 주가
도 높은 것이다.

실제로 그런 회사가 기대대로 벌 것인지 어떨지는 별 문제
이다. 아마 그렇게까지 벌 수는 없을지 모르지만 인기만은 높
다. 오늘 주가가 높은 후지통이나 일본전기는 옛날에는 모두
돈을 벌지 못하던 회사였다. 벌고 있는 것을 기준으로 하면
기린 맥주 등은 자본금과 같은 정도를 벌고 있으므로 좋은 회
사라고 할 수 있는데 주가는 400엔 밖에 되지 않는 것이다.

분명 그것은 논리에 맞지 않지만 주식 시장은 논리에 맞지
않는 경우도 있는 것이다. 때문에 '주식 이야기는 주식에게
물어라'라는 속담이 있는 것이다.

《구영한의 원포인트 어드바이스》
'주식 이야기는 주식에게 물어라.' 기업의 성장과 계절의 영향은 다르다.

43. 가지고 있는 주식의 회사에 불상사가 일어난 때는 재빨리 파는 편이 득인가

불상사라고 해도 여러 가지가 있다. 최대의 것은 그 회사의 금융 불안이다. 그럴 때 주식도 빨리 팔지 않으면 뜻밖의 일을 당한다.

이상하게도 우리들이 밖에서 보면 그렇게까지 되어서는 이미 끝이다 라고 생각하게 되는데 회사 안에 있는 사람은 내일 도산할지도 모른다는 것을 전혀 모르는 것이다. 경리인도 사장조차도 모르는 경우가 있다.

사원이 장부를 보고 이것은 위험하다 라고 생각하기는 하는 것이다. 그러나 어딘가에서 돈을 빌려와 그것을 막아버린다. 몇번인가 난평으로 뛰어 넘으면 어딘가에서 어떻게 되겠지 하는 생각을 하게 되는 것이다. 돈의 출처만이 복잡해진다. 어디에서 어떻게 나와 어디로 어떻게 들어가는지는 우리들의 주머니와는 달라 회사의 돈구멍은 알 수가 없다. 그러므로 부도가 난 후에야 비로소 회사 사람이 알아차리는 경우는 드물지 않다.

그 회사는 적자로 자금 융통에 고통을 받고 있다는 정도가 되면 대부분의 사람이 주식을 팔아버리므로 주가도 상당히 내려간다. 그대로 되어 버린 것이 홍인이나 영대산업이다. 좌세보중공은 이미 끝장이다 라고 생각하던 때에 坪內壽夫씨가 등장하여 다시 일으켜 세웠다. 그때 낮은 가격으로 샀던 사람

✚주식으로 벌기 위한 격언✚
강재료를 보고 3일 기다려 팔고
악재료를 보고 3일 기다려 산다. 고
가, 저가는 재료가 나온 3일 후가
피크이다.

___

은 굉장히 돈을 벌었는데 그 정도까지 된 때 살 수 있는 용기
를 가지고 있는 사람은 그다지 없을 것이다.

금융 불안이 생긴 때는 주식은 파는 수밖에 없다. 그러나
이것은 괴로운 일이다. 내가 어떤 회사의 주식을 가지고 있었
을 때 그 회사의 사장이 상담하러 와서 '5000만엔 빌려 주시
지 않겠읍니까'라고 말했다. 내게 돈을 빌리러 올 정도라면
이미 끝장이구나 하고 생각하여 그 회사의 주식을 곧 팔아 버
렸다. 185엔에 팔았는데 그 뒤 5엔이 되었다.

갖고 있었더라면 완전히 손해를 볼 뻔 했던 것이다. 그래도
지금으로부터 20년 정도 전의 돈으로 백 몇십만엔의 손해를
보았지만 아뭏든 주식 전부를 판다는 것은 상당한 판단력을
필요로 하는 것이다.

재해가 일어나면 어째서 주가는 오르는가.

다른 불상사는 그다지 심각하게 생각하지 않아도 될 것이
라고 생각한다. 케이스 바이 케이스이지만 예를 들면 히다찌
는 IBM과 싸움을 할 정도의 큰 회사이므로 샐 염려는 절대
로 없다. 그리고 히다찌의 경우 컴퓨터는 전 매상 중에서 큰

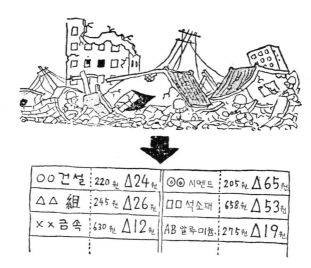

○○건설	220원	Δ24원	◎◎ 시멘트	205원	Δ65원
△△ 組	245원	Δ26원	□□ 석소재	658원	Δ53원
××금속	630원	Δ12원	AB 알루미늄	275원	Δ19원

생산력이 충실한 시대에는 '재해에 팔기 없다'가 원칙.

퍼센트를 차지하고 있는 것도 아니다. 다소는 인기가 나빠지는 경우가 있더라도 회사 전체에는 그다지 큰 영향이 없는 것이다.

또 한 가지, 태풍이나 지진이나 천재지변에 의한 재해가 일어난 때는 주식 시장에서는 '재해에 팔기 없다'라는 말이 있는 만큼 오히려 주가가 오르는 경우가 많은 것이다.

지금은 생산력 쪽이 충실하여 물품이 남아도는 시대이다. 큰 태풍이 와서 집이 엉망진창이 되면 수요가 환기되는 것이다. 예를 들면 나가사끼 수해 때는 샤시를 만드는 회사가 돈을 벌었다. 그때까지는 창문도 문도 목재가 많았지만 다시 고

칠 때 모두 샤시로 바꾸었던 것이다.

지금은 성숙 사회이므로 좀처럼 물건이 팔리지 않는다. 한 번 전쟁이라도 일어났으면 하고 말하는 사람이 있을 정도이다. 전쟁은 곤란하지만 어딘가 큰 태풍이 와서 재해가 일어나거나 하면 그 토지 사람은 안됐지만 피해를 입지 않은 토지의 회사는 장사가 되는 것이다.

때문에 주식 시장에서는 '재해에 팔기 없다'라고 말한다. 한 개 밖에 없는 공장이 홍수로 움직일 수 없게 되면 치명상이 되지만 몇 개의 공장을 가지고 있는 회사라면 우선 염려 없다. 수해에 지지않고 힘을 내어 오히려 업적이 향상되는 회사도 있다. 석유파동때도 석유의 값이 올라 일반 사람들에게는 재난이 되었으나 석유회사가 돈을 벌었고 주가도 몇천엔까지 올랐다. 그러나 이번에 석유 값이 내리자 그 순간 모두 큰 적자를 보게 되었다.

주가는 일반인의 생활과는 반대가 되는 경우가 적지 않지만 곧장 피해를 받는 경우가 있으므로 뭐라 말할 수가 없다. 케이스 바이 케이스로 생각하는 수밖에 없다. 그러므로 너무 신경질적이 될 필요는 없다고 생각한다. 금융 불안도 보통 상식으로 생각하면 대강은 알 수 있다.

《구영한의 원포인트 어드바이스》
금융 불안의 소문이 있으면 곧 팔아라. 그러나 그 외의 재해에는 '팔기 없다'이다.

44. 전환사채로 주식과 같이 돈을 벌 찬스는 있는가 ?

전환사채도 미국의 방법을 일본이 흉내낸 것이다. 사채라는 형으로 회사가 일반인으로부터 돈을 빌리는 경우에 1년 동안에 예를 들면 6퍼센트의 금리를 보증한다. 대개는 보통 사채보다 그 금리는 낮지만 이 사채의 특징은 일정한 전환 가격으로, 전환가능 기간 중에는 언제나 사채를 주식으로 전환할 수 있다는 점에 있다.

대개 실제 주가보다 조금 높은 곳에 그 전환 가격을 두고 있고 거기까지 가지 않으면 주식으로 바꾸는 사람은 없다. 단 6퍼센트의 금리를 보증하고 있으므로 1퍼센트의 주가 이율보다는 훨씬 좋지 않은가. 즉 손해를 보지 않고 주식으로 바꿀 수 있다는, 말하자면 안전성과 사행성을 겸비한 형태인 것이다.

그러나 좀처럼 그 가격까지 가지는 않는다. 가는 것도 있기는 있지만 시간이 걸리므로 그 동안에는 정해진 만큼의 이율 밖에 받지 못한다.

양자 겸비하고 있으므로 좋을 것 같이 보이지만 실은 그것이 문제인 것이다. 무엇이든 양쪽을 겸임하고 있는 것은 좋은 듯이 보여도 의외로 그렇지 않은 것이 많지 않은가. 라이터와 볼펜을 하나로 만들거나 만년필과 시계를 붙이거나 한 여러 가지가 있다. 만든 사람은 이렇게 하면 좋을 것이라고 생각하

과연 돈을 벌 기회는 없을까

고 만들었겠지만 사용하는 쪽은 그다지 좋지도 않다. 어느 것
이 도움이 되는지 알 수 없는 경우가 있는 것이다.

  그러므로 주식 투자를 하는 사람은, 전환 사채를 사기보다
는 순수하게 도박을 하는 편이 좋다 라고 말하는 사람 쪽이
많을 것이다. 사채를 살 때 가장 비싼 곳은 어디인가, 이율이
최고로 좋은 때는 언제인가 라고 이것저것 생각하는 사람과
투기를 하는 사람과는 성격이 다른 것이다. 혼자 양자를 겸비
한다는 것은 의외로 어려운 일이다.

  즉 견실 일변도인 사람은 자연히 견실한 길을 선택하고 싶
어한다. 위험이 없으면 살아있는 느낌이 들지않는 사람은 다
소는 위험이 동반되어도 재미있는 쪽을 선택한다. 혼자서 두

가지 역할을 하는 것은 상당한 명배우가 아니면 무리인 것이
다.

　시대의 요청으로 전환사채라는 것이 여러 가지로 나와 있
으나 세밀하게 연구하여 하고 있는 사람은 의외로 적지않나
싶다. 연구하면 돈 벌 찬스는 있을 것이지만 주식투자를 하고
있다면 전환 사채는 '아아 성가셔'라고 하며 던져 버릴 것이
다. 본래 안전성과 수익성은 모순되는 개념인 것이다. 무리하
게 함께 연결시키는 것은 어려운 일이다.

《구영한의 원포인트 어드바이스》
　주식투자와 전환사채는 성격이 다르다. 토끼 두 마리를 쫓다가는 한 마
리도 잡지 못 한다는 것을 명심해 두자.

45. 최근 주식 분할이라는 말이 자주 언급되는데 투자가에게 있어서 득인가?

　종래의 일본 제도에서 주식에는 본래 액면이 있고 그 액면의 주식을 증가하는 경우에는 같은 금액으로 증자하도록 되어 있었다. 그런데 미국의 주식에는 액면 금액이 기재되어 있지 않은 무액면 주식이라는 것이 있고 또 그 한 주식을 두 주로 나누는 것이 가능한 것도 있다. 예를 들면 주식을 천 주 가지고 있는 사람에게 또 천 주를 준다. 앞으로는 배당금도 2천주분 만큼 준다는 이야기이다.

　이것을 그대로 일본으로 가지고 와서 무액면주를 발행한 회사도 있다. 무상으로 주식을 주는 무상 교부라는 것도 있는데 이번에는 세븐·일레븐이 한 주에 대해 이미 한 주 주는 분할제를 채용했다. 일본에서는 드문 경우라고 할 수 있다.

　우선 어지간히 돈을 벌고 있는 회사가 아니면 그런 것은 할 수 없다. 그것을 하는 회사는 대개 그 전에 시가 발행을 하여 돈을 많이 가지고 있는 곳이다. 세븐·일레븐의 경우도 업적은 올라있고 분할 전에 주가도 1만엔 이상이었다. 실질적으로는 무상의 교부를 하는 것과 같으므로 신문 등에서도 여러 가지 예상하고 있듯이 아직 나올 가능성이 있다.

　일본은 미국의 흉내를 내고 있는 것이 아니고 일본류의 방법으로 자신에게 맞는 부분 만을 받아 들이고 그렇지 않은 부분은 받아들이지 않는 면이 있다. 시가 발행도 한때는 전혀

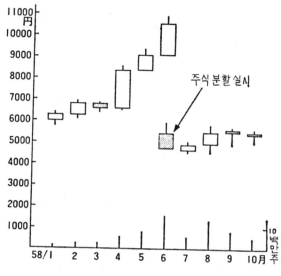

주식 분할 전후의 세븐·일레븐의 주가

생각할 수 없었지만 지금은 이미 당연한 것이 되고 있다.

　50엔만 받고 5엔의 1할 배당하는 것은 용이하지 않지만 1500 엔 받고 5엔 배당하면 주식 분할 정도는 누구나 할 수 있다. 그러나 그렇게 많이 벌고 있는 회사는 별로 없으므로 주식 분할을 할 회사가 계속 나오지 않는 것이다.

《구영한의 원포인트 어드바이스》

　주식 분할은 기본적으로 무상 교부와 같지만 그만큼 버는 회사는 앞으로 별로 나올 것 같지 않다.

46. 기업은 주식을 무제한으로 발행할 수 있는가?

회사가 잘 배당해 갈 수 있는 자신이 있으면 기업은 발행하는 주식을 늘릴 수가 있다. 그를 위해서는 주주 총회에서 틀을 정하여 그 범위내에서 이사회에서 결정할 수가 있다.

그러나 보통 상식으로 생각하여 무모하게 계속해서 늘려갈 수는 없다. 잠시라도 그렇게 하면 회사는 이상해졌다고 생각되어 주가가 뚝 떨어져 버린다.

본래 경영자는 경영을 주주로부터 위임받은 것이므로 주주 총회에서 공격당하거나 총회에서 곤란을 겪게 된다. 그러므로 무한정으로 증자할 수는 없다.

옛날에는 자금이 필요해지면 곧 증자를 했으나 최근에는 시가 발행이라는 방법을 취한다. 가령 주가가 2000엔인 회사가 1주 50엔에 대해 1할7푼의 배당을 하면 8엔 50전을 지불하면 되는 것이다. 2000엔 받고 8엔 50전만 지불하면 끝나므로 누구나 할 수 있다. 그러므로 경기가 좋은 회사의 시가 발행이 늘어가는 것이다.

시가 발행으로 모은 돈은 주식 수만큼 만은 액면으로 자본금에 넣어야 하는데 그 뒤는 별도 적립금으로 하는 것이다. 이 돈은 회사에 있어서 배당부담이 없으므로 경우에 따라서는 그 돈으로 빚의 반제를 할 수도 있다. 물론 회사의 경영이 곤란할 때는 주가도 내려가므로 시가 발행은 할 수 없다.

✚주식으로 벌기 위한 격언✚
내림을 기다리면 내림이 없다.
오름시세에서 일시적인 하락을 노
려 사려고 해도 좀처럼 그 찬스는
오지 않는다.

그래도 하려면 경영의 고통을 얼버무려야 한다. 그를 위해 분실결산을 하거나 여러가지 꾀를 짜내는데 이것이 발각되면 그 뒤는 큰 문제가 되므로 그렇게 간단하게 시가 발행을 할 수도 없는 것이다.

별도 적립금에 배당 부담은 없다고 해도 본래 주주의 것이므로 자유로이 쓸 수는 없다. 그러므로 주주에게 일부를 돌려 주기 위해 예를 들면 몇년 동안에 1할 무상을 한다거나 하는 것을 미리 약속한다.

무상 교부를 하면 하루나 이틀 잠시 주가는 내려가지만 한 동안 지나면 다시 본래대로 되돌아 온다.

주주는 천 주가 천 백주가 되는 것이므로 번 것이 된다. 무상 교부는 사전에 알 수 있으므로 그런 회사의 주식을 사는 것도 한 가지 방법이다.

《구영한의 원포인트 어드바이스》
시가 발행을 하는 회사는 수년 후에 무상 교부를 하는 경우가 많다.

주식 정보를 이렇게 읽으면
주가의 움직임을
확실하게 잡을 수 있다

47. 신문 등이 발표되는 주식의 숫자 정보에서는 무엇을 참고로 하면 좋을까?

일반인이 주식 투자를 하는 경우 가장 간단한 방법은 주가의 거래고(去來高)를 참고로 하는 것이다. 거래고란 주식의 매매 거래가 성립된 총액으로, 예를 들면 경제 신문의 시세란에는 시작가(始作價), 고가(高價), 저가(低價), 최종가(最終價)가 있고 그 뒤에 반드시 거래고가 나와 있다.

주식의 값 움직임이라는 것은 대개 이 거래고로 나타난다. 거래고가 증가하여 있는 주식은 오르기 시작한다. 그러므로 이 거래고를 주시하면 오르는 주가 어떤 것인가를 발견할 수 있게 된다.

건설주를 예로 들어 보면 보통 때는 그다지 거래되지 않던 상품이 4천만주나 5천만주로 거래되는 경우가 있다. 예를 들면 삼정건설이나 동급건설의 거래고가 평소보다 많은 경우이다. 이 경우는 실제로 주가가 올라간다.

단 올라 있을 때는 그렇다치고 주가가 내리고 있는데 거래가 되는 경우도 있으므로 그 점은 주의해야 한다. 증권 회사 등이 그 주식에 끼어들고 있는 것은 아닌가 어떤가를 알아낼 필요가 있다. 이것을 전문 용어로는 '동의(動意)'라고 하는데 이 동의를 잡아야 한다.

그러기 위해서는 거래고가 매우 많은 주를 몇개 주시하고 1주일 정도 체크해 보는 것이다. 그렇게 하면 그 주식은 누군

✚주식으로 벌기 위한 격언✚
한산(閑散)에 팔기 없다. 보합시
세 상태가 계속 이어지면 신용 팔
기를 하고 싶은 마음을 억누르고
조금씩 사가라.

가가 장난치고 있다거나 어느 증권회사가 주도권을 잡고 그 주를 물건이 되게 하려 하고 있다는 것을 알게 된다.

거래고를 주시하는 이외에 주가를 평가할 기준의 하나로는 레시오(주가수익률)이라는 것이 있다. 이것은 미국인의 사고 방식으로, 한 주당의 이익을 기준으로 하여 그 주식이 싼가 비싼가를 판단하는 방법이다.

그러나 레시오만으로 정할 수는 없다. 실제로 아무리 돈을 벌어도 예를 들면 후지 필름과 같이 2000엔의 주가로 8엔 50 전 밖에 배당을 하고 있지 않는 회사도 있다. 그러므로 사라 고는 할 수 없는 것이다. 즉 레시오는 회사가 벌고 있는데 주 가는 싸다라는 기준으로 밖에 사용할 수 없고 주식의 매매 판 단 재료는 되지 않는다.

주식에는 시세가 일정한 작은 범위에서 오르내리는 것 만 있는 것이 아니고 거의 움직이지 않는 것이 있다. 이것을 주 식 용어로는 '보합시세'라고 한다.

보합(保合) 시세의 기간이라는 것은 매우 긴데 일단 움직 이기 시작하면 오르기까지의 스피드가 상당히 빠른 것이다. 나는 아무래도 싼 값으로 사려고 거의 매매가 없는 시기에 산 다. 이것은 주가가 움직이기까지 시간이 걸리지만 그 대신 주

주식의 움직임은 우선 거래고에 나타난다.

가가 실제로 오르면 싼 가격에 샀으므로 이익 폭도 큰 것이다.

이런 매매법에 비해 주식이 오르기 시작한 때 사서 쑥 오르면 그 시점에서 싹 팔아 버리는 편이 좋다라고 생각하는 사람도 있다.

어느 방법이 좋은지는 말할 수 없지만 거래고가 증가하면 주가는 그에 따라 움직이기 시작할 것임에 틀림없다. 그러므로 일반인이 주식 투자를 하려는 경우 신문 등에서 우선 거래고에 주목하면 좋을 것이다.

《구영한의 원포인트 어드바이스》
거래고가 증가하면 주가는 그에 따라 움직이기 시작한다.

48. 다우 평균이 점점 높아지면 벌 찬스 도 많아지는가 ?

주식투자를 하는 사람에게 있어서 다우 평균이라는 것은 그다지 중요한 지표는 되지 않는다. 그러나 분명한 것은 225 상품의 주가 평균을 나타내는 다우 평균이 주식 시장의 동향을 알기 위한 한 가지 기준은 될 것이라는 것이다.

그러나 이것은 어디까지나 225 종류 주식의 평균 주가로 하나 하나의 주가와는 관계가 없다. 우리들이 주식을 살 때에 다우 평균 가격으로 살 수는 없으므로.

옛날 나는 주식 강연에 가서 자주 '다우 평균을 신경 쓰지 말라'라고 했다. 왜냐면 자신이 가지고 있는 주식과 다우 평균이 같은 값 움직임을 보이는 것이 아니기 때문이다. 다우 평균이 높아도 자신이 가지고 있는 주식이 쌀 때도 있고 그 반대의 경우도 있다.

그러므로 '자신이 가지고 있는 주식만을 신경쓰고 있으면 된다'라고 말한 것이다. 이 원칙은 앞으로도 다름없다.

다우 평균은 현재 일본 전체의 주식은 어느 정도의 가격에 있는가, 옛날에 비해 일본의 주식 시장은 어느 정도의 규모로 되어 있는가를 보는 기준에 지나지 않는 것이다.

내가 주식을 시작한 때는 다우 평균이 700엔 대였다. 그것이 지금은 9500엔, 이제 곧 일만엔이 될 것이라고 일컬어 지고 있다. 당시에 비하면 10배 이상이 되어있다. 그만큼 주식

178 초보자를 위한 주식입문

✚주식으로 벌기 위한 격언✚
부는 값을 기다려도 부는 값은
없다. 바람이 불듯이 값이 오르기를
기다렸다가 팔고 도망치려 해도 소
용없다.

의 규모가 커지고 주식 수도 크게 늘었다는 것을 의미하고 있
다.

예를 들면 옛날에는 가와데쓰(川鐵)나 신일제강이라고 하
면 아무도 되돌아 보지 않았다. 자금을 모으기 위해 증자하고
싶어도 액면 50엔의 주식이 시장에서 35엔 정도 밖에 되지
않아 아무도 증자에 응하지 않는다. 이것은 당연하다. 50엔
납부하고 시장에서는 35엔이므로 손해를 본다.

그런 제강 회사의 사장들이 다소 시세에 영향을 주는 사람
에게 찾아와 힘을 빌려 달라고 하던 때도 있었다.

그 시대에 비하면 오늘날 신일철의 주식은 160엔, 170엔 한
다. 증자에 응할 사람이 없다고 걱정할 필요가 없게 되었다.
옛날 50엔이었던 주식은 지금은 평균하면 모두 3배 정도로
되어있는 것이다.

**다우가 올라가도 주식을 가지고 있는 사람이 부자가 된다
고는 할 수 없다.**

그럼 다우 평균이 1만엔에 가까와지고 주식의 규모가 커
진 현재 주식투자를 하고 있는 사람의 품 속이 옛날에 비해

✚주식으로 벌기 위한 격언✚
오름길의 악(惡) 재료는 사고 내
림길의 호(好) 재료는 팔아라. 오름
시세가 계속될 때는 악재료가 나와
도 쉽사리 내려 가지 않는다.

풍부해 졌느냐 하면 그렇다고는 할 수 없다. 오른 분(分)은 누가 빨아 들였는가? 증권 회사의 수수료가 되거나 증권 회사가 번 세금으로, 또 그들의 생활비 등이 되어버린 것이다.

분명히 20년, 30년 전부터 그 회사의 주주가 되어, 그것을 팔 수도 없는 주를 가지고 있는 사람들에게 있어서는 장부 가격에 비해 오늘날의 시가는 10배 이상이 되어 있는 경우도 있을 것이다.

그러나 이것은 회사 경영에 참가하고 있는 사람들의 이야기이며 보통 사람들은 대체로 약간 오르면 팔아 버린다. 그러므로 샀다 팔았다 반복하는 동안에 점점 돈이 줄어 들고 있다고 생각한다.

주가가 아무리 높아져도 그 주식을 가지고 있는 사람들이 일제히 그 가격으로 팔려고 하면 팔 수 없다. 주가라는 것은 당연한 것이지만 파는 사람과 사는 사람의 밸런스에 의해 결정되는 것이므로.

예를 들면 히다찌 제작소가 900엔의 가격을 마크했다고 해서 모두가 일제히 히다찌 주식을 팔면 그 주가는 300엔으로 값치기 할지도 모른다. 즉 주가라는 것은 '그림의 떡'과 같은 것으로 아무리 그 때의 값이 높아도 실제로 팔아보지 않으면 벌 것인지 어쩐지 알 수 없다.

그러므로 다우 평균이 높아진다고 해서 주식을 가지고 있는 사람이 모두 부자가 된다고는 할 수 없는 것이다. 주식을 가지고 있는 사람들이 모두 팔지 않을 것을 전제로 할 때 비로소 '부자'라고 할 수 있는 것이며 그것은 있을 수 없는 이야기인 것이다.

그럼 다우 평균이 높아진 만큼 벌 찬스가 증가해 가느냐 하면 이것도 그렇다고는 할 수 없는 것이다. 고도성장기라면 주식 시장의 파이 전체가 크게 부풀어 주가는 오르는 일로에 있어 어떤 사람이라도 주식을 가지고 있기만 하면 벌 수 있지만 지금은 경제의 파이는 일정해져 있고 그 속에서 올랐다 내렸다 하고 있기 때문이다.

오른 때에 팔고 내려간 때에 되산다는 방법이 딱 들어맞지 않고 하나하나의 주가의 움직임이 모두 세밀하게 다른 것이다. 크게 보아 파도가 높으냐 낮으냐는 말할 수 있지만 개개의 세밀한 움직임을 잘 잡지 않으면 벌 수 없게 되는 것이다.

즉 주식으로 벌 찬스는 지금보다 옛날 쪽이 훨씬 많았던 것이다. 신문 등에서 다우 평균이 1만엔 가까이 갔다. 주식 붐이다 라고 떠들고 있으나 그것은 어디까지나 일본의 주식 시장 규모가 커졌다는 이야기일 뿐이다. 일반 투자가라면 자신이 관심을 가지고 있는 주식만을 생각하면 되는 것이다.

《구영한의 원포인트 어드바이스》

다우 평균은 주식 시장의 규모를 보는 척도일 뿐이므로 자신의 주식만을 주목하라.

49. 신문의 주식난을 보고 다음에 오를 듯한 주식을 예상할 수 있을까?

신문 등의 주식난을 보고 다음에 오를 듯한 주식을 예상하는 것은 불가능한 일이 아니다. 그 경우에 가장 중요한 것은 주식시장 전체의 움직임을 어떻게 보느냐 하는 것이다.

물론 사람에 따라 그 방법은 다르다. 어떤 사람은 괘선을 보고 매일 상세하게 주가의 오르 내림에 주의를 기울일지도 모른다. 그러나 그런 방법으로는 개개의 주식 상품은 이해할 수 있어도 주식 시장 전체의 동향을 파악할 수는 없다.

주가를 좌우하는 몇 가지 요소 중에는 개개의 주식 상품에 영향을 주는 것과 주식 시장 전체에 영향을 주는 것이 있다. 나는 개개의 주식 상품의 숫자나 매일의 주가 가격 움직임에 얽매이지 않고 주식 시장 전체에 영향을 주는 요소에 주목하려 하고 있다. 그 편이 다음에 오를 주식을 예상하기가 훨씬 쉽기 때문이다.

주식 시장 전체에 영향을 주는 요소에는 우선 뭐니뭐니 해도 경기·불경기의 흐름이 어떻게 되는가가 있다. 그뒤는 금리가 높으냐 낮으냐 하는 것이나 정치적으로 안정되어 있느냐 어떠냐 등을 생각할 수 있다.

주식 시장은 이런 큰 외적 요인에 크게 영향을 받으므로 주식을 하려는 사람은 그들 요소에 민감해야 한다. 정치적인 요소라고 하면 우선적인 것은 역시 전쟁으로, 전전(戰前)의 일

주가는 경기의 흐름보다 약 반년 빨리 움직이기 시작한다.

본을 생각할 수 있다. 만주사변이 있었을 때 어떠 했는가, 일
지사변이 일어 났을 때 어땠는가, 전쟁은 주식 시장에 상당한
영향을 준다.

　최근에는 폴란드 문제가 있었다. 본래는 이런 사건이 전쟁
으로 발전해도 이상할 것은 없지만 실제로는 전쟁이 되지 않
았다. 세계의 사람들이 그것을 염려하고 있었지만 나는 일찍
부터 전쟁이 되지 않을 것이라고 보고 있었다.

　그것은 국제 금 가격을 보면 알 수 있는 것이다. 전쟁이 일
어날 것 같으면 금 가격은 반드시 폭등하게 되는데 폴란드 사
건 때는 금 가격은 반대로 떨어졌다. 그것은 소련이 전비 조

달 때문에 가지고 있던 금을 국제 금 시장에 내다 팔았기 때
문인데 그것을 보고 나는 전쟁이 되지 않을 것이라고 판단했
다. 결국 예상대로 전쟁은 일어나지 않았다.

이와 같이 시세의 움직임을 보고 있으면 세상이 어떤 방향
으로 움직여 갈지 대강 짚을 수가 있는 것이다. 또 한 가지
덧붙일 것은 금 시세가 높아져도 주식 시장이 그를 따라 뛰어
오르지는 않는다. 주식과 금 시세는 전혀 별개의 것이기 때문
이다.

주가는 경기 회복보다 반년 빨리 움직이기 시작한다

주식 시장 전체의 움직임을 파악하는데 가장 중요한 요소
는 경기의 흐름을 어떻게 파악하느냐 하는 것이다. 경기의 흐
름이라는 것은 실로 미묘한 것이다. 불경기일 때 경기의 회복
이 언제 쯤이 될 것인가 하는 것은 좀처럼 예측하기 어렵다.
그렇다고 해서 언제까지나 불경기가 계속된다고는 할 수 없
는 것이다. 경기와 불경기의 관계는 음과 양의 관계와 같아
음의 극은 양의 극과 상관 관계에 있다. 알기 쉽게 말하자면
'밤이 지나면 아침이 온다'라고 말할 수 있다. 이런 자연의 섭

리가 반드시 작용한다.

경기의 '기(氣)'는 인기의 기와 같이 변화하기 쉬운 것이다.
그 경우에 재미있는 것은 실제 경기의 회복보다도 주가 쪽이
먼저 변화한다는 것이다. 그것은 대개 6개월 정도 빠르다. 실
제의 경기는 아직 좋아지지 않았는데 주가만이 갑자기 오르
는 경우가 있는 것이다.

경기의 실정을 보아 주가를 판단하는 사람에게 있어서는
어째서 주가만이 선행하는지 이상하고 그야말로 논리에 맞지
않는 것이라고 말할지 모르지만 주가란 그런 것이다.

예를 들면 1982년 10월 8일에 주가가 아무런 징조없이 다
우 평균 250엔 가까이 뛰어 올랐다. 나는 그 날의 주식 시장
을 보고한 일본 경제신문을 지금도 소중하게 보존하고 있는
데 이것을 볼 때마다 새로운 감개에 빠지는 것이다.

이 날 후지 필름의 주가는 1750엔이었는데 전날이 1500엔
이었으므로 하룻만에 250엔이나 값이 올랐다. 또 마쯔시따 전
산, 토요다 자동차도 이 날을 경계로 주가가 폭등했다. 일본
전기도 마찬가지였다.

전기주나 기계주 등 그 날 갑자기 오른 것은 대강 보아도
3~40개였다.

나는 이것을 보고 '땡'종이 치는 듯한 느낌을 받았던 것이다. 경기는 앞으로 달릴 것이며 반년 후에는 경기가 상향될 것이다 라고 확신했다.

그러므로 나는 1981년 12월에 단파 방송 생방송에서 '내년은 경기가 좋아질 것입니다'라고 말했던 것이다. 내가 10년 이상이나 단파 방송의 주식 프로그램을 맡고 있었던 것도 내 이야기가 틀리는 경우가 없었기 때문이라고 생각한다. 그것이 가능했던 것도 내가 세상의 '상식'과는 다른 독자적인 지표를 몇 가지 가지고 있었기 때문이다. 그 한 가지가 주가가 경기의 움직임을 반년 앞선다는 것이다.

주가 쪽이 먼저 움직이기 시작하면 경기가 뒤를 따라 좋아지는 현상이 언제나 일어나는 것이다. 1982년 10월 8일의 조간 주식란은 그 전형적인 예이다.

경기에 선행하여 갑자기 움직이기 시작한 주식이야말로 유망주.

그리고 좀더 중요한 것은 이런 식으로 갑자기 올라간 주식이 그 다음의 시세를 리드하는 유망 상품이 된다는 것이다.

인기에서 보면 우선 뭐니뭐니해도 전기주이다. 앞에서 이야기했던 일본전기도 그렇지만 그중에서도 눈에 띄는 것은 히다찌와 같은 대형주가 이 때에 625엔으로 전날에 비해 60엔이나 올랐다는 것이다. 그것이 지금은 900엔 이상이 되어 있다. 그외에 도시바는 39엔, 후지통은 65엔, 동경전화는 390엔

✛주식으로 벌기 위한 격언✛
역 일보(逆 日步)에 사기 없고
역 일보에 팔기 없다. 일반투자가는
팔기도 사기도 없는 투기 대상의
주식에는 손을 대지 않는 편이 좋
다.

이나 올랐다. 10월 8일에 오른 전기주만도 10상품 이상이나
있다.

다음은 공작기계 주이다. 이것은 오른 것은 그다지 많지 않
지만 아마다 쇼마쯔 제작소 등이 그때 올랐다.

그리고 특징적인 것은 전에는 그다지 오르는 일이 없는 토
요다 등의 특정 상품이 그날 쑥 올라 갔다는 것이다. 그러므
로 나는 앞으로 주식시장을 리드해 갈 것은 역시 세계적인 상
품이나 국제적인 상품이라고 일컬어지는 회사의 주식이라고
판단했던 것이다.

단 그날 재미있게 생각한 것은 은행 주는 오르지 않았지만
파이넌스 주가 95엔이나 올라간 일이나 노무라 증권의 주식
이 45엔 올라간 것이었다. 모두 다음 일본의 경기를 리드해
갈 것이라는 점에서 보면 매우 상징적인 것이라고 생각한다.

이와 같은 주식 시장의 흐름은 개개의 상품의 매일 매일의
오르 내림을 보고 있어서는 알 수 없는 것이다. 큰 흐름이 있
고 그 흐름 속에서 갑자기 뻗는 듯한 변화가 일어나는 것이다.

나는 지금까지 이것저것 하면서 세밀한 숫자나 매일의 오
름, 내림 등에는 일일이 신경을 쓰지 않으려는 사고방식을 갖

게 되었는데 일반 투자가들도 신문의 주식란을 보는 경우에
는 가능한 전체를 보기 바란다.

《구영한의 원포인트 어드바이스》
유망한 주식은 경기 회복보다 반년 빨리 갑자기 움직이기 시작한다. 개
개의 오름 · 내림보다 전체를 보라.

50. 주식 시세의 큰 흐름은 어떻게 하여 잡으면 좋을까?

주식시세 전체의 흐름을 파악하기 위해서는 그에 대한 정보를 가능한 많이 모으는 것이 중요하다. 그러나 아무리 많은 정보를 모아도 그 정보를 어떻게 보느냐 하는 자신의 '견해'를 갖고 있지 않으면 정보는 하나의 실에 꿰어지지 않는다. 그러므로 주식 전체의 흐름 속에 어떤 경향이 있는가를 자신의 문제의식으로써 다루어야 하는 것이다.

예를 들면 일본에 영향을 주는 요소는 많이 있다. 일본에서 생활하고 있는 사람이라면 그것을 요약하여 무엇이 중요한 문제인가 하는 정도는 머릿속에 넣어 둘 필요가 있을 것이다.

그것은 그림을 보는 경우에도 마찬가지로 한 그루의 나무에는 가지도 있고 뿌리도 있고 잎도 있다. 그들을 독특한 생략법으로 생략할 수 있는 사람이 화가인 것이다. 실제의 나무는 이런 형을 하고 있는 것이 없지만 나무라는 것을 누구나가 알 수 있고 누가 그린 나무인지도 안다. 이렇게 될 때 비로소 한 사람의 화가로서 밥을 먹을 수 있는 것이다.

이런 그림의 '생략법'은 어떤 현상을 파악하는 경우에도 적용된다. 물론 주식 시장 전체의 흐름을 잡는 경우에도 그렇다.

그러므로 나는 이 '생략법'은 아니지만 주식 시장의 금후를 좌우하는 큰 흐름을 셋으로 나누어 파악하려 하고 있다.

그것은 ① 성숙 사회 ② 노령 사회 ③ 국제화의 세 가지 이

✚주식으로 벌기 위한 격언✚
논리에 맞추다가는 시세에서 벗
어난다. 주가를 형성하는 요인은 복
잡하여 이론만을 생각하다가는 손
해를 본다.

다.

우선 성숙 사회에 대해서 말하자면 이제까지는 경제 성장
이라는 것은, 일본의 한 가지 특징이었으나 저성장 시대에 들
어 경제 성장의 풋풋함이 없어지게 되었다. 그 대신 이번에는
풍부함 속에서 정신적인 고민을 호소하는 현상이 나오게 되
었다. 그런 경향은 소비자의 심리에도 분명히 반영되고 있다.

지금까지는 싸다는 것이 큰 세일즈 포인트였으나 현재는
소비자는 그저 싸다는 것만으로 상품을 보려고 하지 않게 되
었다. 소비자의 취미, 기호에 맞춘 브랜드품이 선호되고 있는
것도 그런 이유 때문일 것이다. 동시에 노브랜드의 양질 상품
이 슈퍼마켓의 점두에 놓여지게 되었다. 모두가 성숙 사회에
서 새로이 나타난 현상이다.

이 시대의 흐름에 따라가지 못하는 장사는 계속 뒤로 처지
게 된다. 출판도 마찬가지이다.

내가 소설가가 되었던 30년 전은 문예 작품이 아니면 문고
책이 되지 않았지만 지금은 무엇이든 상관없다. 어떤 식인가
하면 순문예 작품은 팔리지 않게 되었다. 그런 독자의 요구를
잘 맞추지 못하면 출판사 그 자체가 성립되지 않게 되어 버렸
다.

✚주식으로 벌기 위한 격언✚
맞추는 사람에게 붙어라. 맞추어
벌고 있는 사람에게 붙어가면, 운도
벌이도 굴러 들어온다.

이와 같이 시대는 확실하게 변화하고 있고 성숙 사회가 장
래에 무엇을 가져올 것인지 그것을 찾아내는 것이 중요한 것
이다.

주식에 가장 영향을 주는 것은 국제화

다음으로 노령화 사회라는 것인데, 국민의 평균 연령은 1년
마다 확실하게 높아지고 있다. 그것이 산업이나 문화에 어떤
영향을 주는가. 이대로 가다가는 식생활, 연금제도, 의료제도,
스포츠 등 모든 면에서 큰 변화를 가져올 것이다.

예를 들면 안경 하나를 보더라도 나이가 젊을 때는 책을 읽
을 때만 썼으나 나이가 들면서 눈이 나빠지므로 요즘에는 안
경도 서재에 한 개, 사무실에 한 개, 몇 개를 가져야 한다. 그
러면 이것은 이미 노인산업이 된다. 이 외에도 연금제도가 어
떻게 될 것인지, 보험치료가 어떻게 될 것인지 등 여러 가지
를 생각할 수 있다.

그리고 세 번째 국제화의 파도는 주식 시장에 대해 가장 강
력한 영향을 준다고 생각되는 요소이다. 지금은 우리 제품이
세계 여러나라에 수출되어 기업은 수출에 의존하지 않으면

결산도 할 수 없을 정도로 '수출 의존형' 경영이 되어 있다. 이런 중에 대미 경제 마찰, 대EC 경제 마찰 또는 대일 경제 협력 등 계속해서 새로운 문제가 늘어나고 있다. 그 반면 우리 경제의 강력함이 세계속에서 또 새로운 문제로 대두되고 있다. 경제의 강력함이 세계 속에 증명되어 외국의 투자신탁 회사나 해외의 금융 기관은 우리의 주식 시장에 매력을 느껴 투자해 온다. 이것이 금후 주식 시장에 어떤 영향을 줄 것인지 생각할 필요가 있다.

이 세 가지 흐름 정도는 누구나 머릿속에 있을 것이다. 주식 시장을 보아도, 신문·잡지의 뉴스를 보아도 머릿속에 세 가지 시점이 있으면 '아, 이것은 이 계통이구나'하고 알게 된다. 예를 들면 '프레지던트'등의 잡지에 미국의 오하이오주 주지사가 공장을 유지하기 위해 왔다 라는 이야기가 실렸다고 하자. 그것을 본 순간 '아 이것은 국제화의 시대'라고 누구나가 알게 된다. 막연하게만 보고 있어서는 어째서 미국의 주지사가 일본까지 왔는지 이상하게 여겨질 뿐이다.

요컨대 뉴스가 있느냐 없느냐가 아니고 그런 것을 자신의 데이터로 어떻게 캐치할 것인가가 중요한 것으로 그것 만 어느 정도 가능하면 주식 시세에서 '아닌 밤중에 홍두깨'와 같은 일은 당하지 않을 것이다.

《구영한의 원포인트 어드바이스》

자신의 머리에 성숙 사회, 노령 사회, 국제화 이 세 가지 요소를 넣어두고 모든 정보에 접하라.

51. 주식을 샀으면 라디오 등으로 시시각각의 주가를 쫓는 편이 좋은가 ?

지금 주가가 어떻게 되어 있는가를 알기 위해서는 증권회사에 전화를 거는 것이 가장 빠를 것이다. 본부에 연락하여 물어 보는 경우도 있고 대개는 본부에서 알려 온 값이 칠판에 쓰여져 있으므로 곧 가르쳐 준다.

다만 이것은 어디까지나 실제로 매겨진 가격이어서 팔기와 사기의 주수가 어느 정도 있는가를 알 수는 없다. 그것을 상세하게 알고 싶을 때는 '매매는 어떻게 되어 있읍니까'라고 물어보면 본부에 연락하여 가르쳐 준다. 큰 증권회사는 성가시게 여기지만 작은 증권회사는 친절한 곳도 있으므로 잘 가르쳐 준다. 경험이 많은, 대량으로 주식을 매매하는 사람이 중소 증권 회사를 이용하는 것은 거기에 이유가 있는 것이다. 천 주의 손님에게는 그렇게까지 해 주지 않을지도 모르지만 … 마작을 처음으로 시작하여 점점 열이 오르기 시작하면 아침 저녁으로 마작만을 생각한다. 그와 마찬가지로 주식을 시작하면 점점 '주식꾼'이 되어간다. 방송의 주식상황을 듣지 않으면 마음이 편하지가 않다. 나도 그래서 한동안 들은 적이 있다.

내게 편지를 보내오는 시골 사람들은 밭에서 일을 하면서도 단파를 듣는다고 한다. 앗, 목표가격이 되었다 싶을 때는 집으로 뛰어가 증권회사에 전화를 한다.

✚주식으로 벌기 위한 격언✚
맞추는 사람에게 향하라. 맞춰서
번 사람들이 많으면 그 반동으로
오는 저가가 기다리고 있다.

밭에까지 라디오를 가지고 가면 분명 주가는 알 수 있겠지만 사실은 그렇게 까지 신경을 쓰지 않는 편이 좋은 것이다. 때때로 주식 일은 잊는 편이 좋다. 매일 파도의 고저만을 생각하고 있어서는 조류의 흐름이 어떻게 되고 있는지 알 수 없게 되어 버리기 때문이다.

그러나 신경을 쓰는 쪽이 압도적으로 많다. 특히 처음 주식을 산 사람은 이미 자신의 마음이 아니다. 5엔이라도 내려 가면 벌써 파는 것이 좋지 않을까 하며 밤에 잠도 자지 않고 생각한다. 염려되는 나머지 증권회사로 전화를 걸어 거기서 '파는 편이 좋지 않을까요'라는 말을 들으면 기다리고 있었다는 듯이 팔아버리는 것이다. 그리고 또 다음 주식을 산다. 그것이 내리면 또 팔고 하는 일을 반복하여 수수료만 벌게 해 준다.

대개 주식으로 버는 사람은 그렇게는 하지 않는다. 이 주식은 지금 300엔이지만 500엔이 될 때까지 기다리자 라는 마음으로 주식을 사서 한참동안 주가는 잊고 있다. 그 정도의 여유를 가지지 않고서는 좀처럼 벌 수 없다.

《구영한의 원포인트 어드바이스》
정말 벌려면 주가의 움직임을 때때로 잊는 편이 좋다.

52. 자주 일컬어지는 괘선은 어떻게 이용하면 좋을까?

많은 사람이 괘선을 보고 괘선대로 움직이면, 주가는 괘선대로 움직인다. 즉 괘선이 이런 식으로 되어 여기까지 가면 앞으로 새 고가가 될 것이라거나 또는 바닥이 될 것이라거나 하는 과거의 실적이 있다. 그것을 보고 '이것으로 바닥일 것이다'라고 모두가 그 주식을 사면 이미 바닥을 칠 것이 정해지는 것이다.

경제 신문 조차 주에 한 번 정도 괘선을 싣고 있다. 놀랍게도 어느 증권회사의 사장실에 가면 괘선이 벽에 붙어 있는데 그런 의미에서 증권계에 강하게 괘선을 신봉하는 사람이 있다는 것을 알 수 있다. 그런 사람들이 있는 이상 괘선을 보는 것도 한 가지 방법이긴 할 것이다.

그러나 나는 괘선을 거의 믿지 않고 있다. 사회 정세의 새로운 변화가 괘선에 영향을 주는 경우는 있어도 괘선이 사회 정세의 변화를 예측할 수는 없기 때문이다. 과거를 가지고 미래를 예측할 수 없다 라고 나는 생각하고 있다.

내 지인으로 프로에 가까운 사람들이 괘선을 중시 여기고서 매일 선을 긋는 사람들이 있다. 나도 그런 사람들의 설명을 들은 적은 있으나 그대로 심각하게 믿은 적은 한 번도 없다.

나는 읽은 적은 없지만 괘선 읽는 법을 쓴 책은 많이 있다.

✚주식으로 벌기 위한 격언✚
지정가는 지우지 말라. 눈 앞의
값 움직임에 구애되면 벌 찬스를
놓친다. 지정가가 정해지면 움직이
지 말라.

경제신문사는 차트를 중심으로 신문을 만들려 하고 있다. 그
러나 주식을 하는 사람으로 초보자가 증가하자 괘선을 보지
않게 되고 있다. 법인 투자가 등에도 그런 것은 관계없다는
경향이 강해지고 있다.

역시 괘선이 어떻다는 것은 프로들 끼리에서 통하고 있다.
그리고 거기에 초보자이면서 '나는 프로다'라고 말하고 싶어
하는 사람들이 가해져 신봉자는 좀처럼 줄지 않는 것 같다.

내 입장에서 말하자면 나는 괘선은 점(占)과 같은 것이라
고 생각한다. 점 따위가 맞는다고 생각하는 사람은 별로 많지
않을 것인데 신봉자는 전혀 줄지 않는다.

괘선도 마찬가지로 신봉자는 줄지 않는 것 같다. 아무런 도
움이 되지 않는다 라고 말할 수는 없지만 신경 쓸 필요는 없
다고 생각하고 있다.

《구영한의 원포인트 어드바이스》
괘선은 사회 정세의 뒤를 따르는 것에 지나지 않는다. 일반 투자가라면
무시해도 좋다.

53. 주식으로 버는 데「정보지(情報誌)」 등은 도움이 되는가?

「회사 사계보」나「회사 정보」등은 단순히 일과성의 정보라기보다 자료인 것이다. 그러므로 주식투자를 하는 사람에게 있어서는 필수품이라고 할 수 있을 것이다.

정보라는 것은 그대로 통채로 삼켜서는 매우 위험하다. 그것은 정보 제공자가 어느 정도의 지식 소유자인가가 상당한 의문을 갖게 하기 때문이다.

예를 들면 나도 신문사로부터 전화로 코멘트를 달라는 부탁을 받는 경우가 있다. 그러나 나중에 신문을 읽어 보면 내 코멘트와는 상당히 다른 기사가 적혀 있는 적이 많다. 나로서는 '뭐야, 틀린 말을 써 놓았잖아'라며 화를 낸다.

그러면서 반대로 내가 다른 사람의 코멘트를 읽는 입장이 되면 그런 것은 싹 잊고, '녀석 이상한 말을 하고 있군'이라고 생각하는 것이다. 즉 독자의 입장이 되면 신문의 기사를 그만 신용해 버리는 것이다.

그런 의미에서 신문에 실려 있는 기사 중 정확도가 높은 것은 별로 없는 것이다. 그러므로 그런 정확도가 낮은 기사를 그대로 믿는 날은 어떻게 될지 알 수 없다.

게다가 정보라는 것은 가공하지 않으면 어디까지나 단순한 정보 뿐으로 그것이 그대로 도움이 될지 어떨지는 알 수 없다. 생정보를 실제로 도움이 되게 하기 위해서는 역시 고도의 판

✚주식으로 벌기 위한 격언✚
명인은 시세의 두려움을 안다.
시세의 명인이라는 표현은 아니다.
그러나 경험을 축적하면 축적할수
록 시세의 엄격함을 아는 것이다.

단력이 기본이 된 가공 작업이 필요한 것이다.

전에 '싸이공 발'이라는 외전이 유행했었는데 그 기사의 대부분이 거의 근거가 없는 것이었다. 어째서 그런가 하면 대만의 정보에 붙어 온 것을 내다 보면, 그 정보원을 내 쪽이 잘 알고 있으므로 곧 진짜인지 거짓인지 알 수 있다. 엉터리 정보가 많은 것이다. 그것과 마찬가지로 세계에서 들어오는 정보도 어느 정도의 참고 밖에는 되지 않는 것이다. 그점에서 「회사 사계보」나 「회사 정보」에 나오는 숫자는 정보라기보다 데이터류이므로 어지간한 것이 아닌 한 정확하다. 숫자도 브라질 통계 등은 자신의 상황에 맞게 만들어져 있다. 그 정도로 팽대한 빚을 안으면서도 숫자만을 보면 석유파동 이후 무역이 확대되어 있는 것이다. 상장회사가 내는 숫자는 그에 비하면 탄탄하다. 업적, 주가, 종업원 수 등은 모두 「사계보」나 「회사 정보」에 실려 있으므로 주식으로 벌려는 사람이라면 가까이 두고 어떤 주식을 사려는 때에는 반드시 한 번은 볼 필요가 있을 것이다.

《구영한의 원포인트 어드바이스》
「정보지」의 숫자는 정보가 아닌 자료이므로 주식을 하려는 때는 반드시 보라.

54. 정보지 등은 구체적으로 어디를 보면 좋을까 ?

「회사 사계보」나「회사 정보」는 주식 투자를 하는 사람의 필수품이지만 보통 투자가에게 있어서는 그다지 필요없는 것도 있다. 주주 구성 따위는 거의 도움이 되지 않는다.

어떤 회사나 안정 주주가 없으면 사장 이하 경영진은 안심할 수 없으므로 대개 안정 주주 공작을 하는 것이다. 반대로 은행 등은 융자를 하는 관계로 어느 정도 주식을 가지고 발언권을 증가시키려 한다. 이에 비해 제약이 있으므로 큰 회사가 되면 생명보험 회사나 화재보험 회사나 은행 증권회사나 10퍼센트 이하의 법인 주주가 쭉 나란히 서 있다.

어느 기업에나 그 회사를 지배하고 있는 계열이 있으니 계열 이외의 법인주주는 모두 그 회사의 현 경영진에 대해 백지위임장을 내는 것이 상식적으로 되어 있다. 돈은 내지만 참견은 하지 않는다. 이것은 돈도 내고 참견도 하는 미국과는 상당히 다른 것이다.

문제가 일어날 것은 예외적인 경우라고 할 수 있다. 그것은 주된 주주가 움직여 다른 주주에게 '한번 협력해 주시오'라고 부탁하는 것이지만 가능하면 관계하고 싶지 않다 라는 기분이 강하게 작용할 때이다. 그러므로 주주로 어떤 법인이 나란히 있어도 회사의 경영에는 거의 관계가 없는 것이다.

도움이 되는 것은 투기 거래전이 시작된 것이다. 주식 점유

✚주식으로 벌기 위한 격언✚
잡을 수 없을 때는 그만 두어라.
어떤 주식을 사도 벌지 못한다. 이
런 때는 한동안 투자를 쉬어본다.

를 하기 위해서는, 부동주가 어느 정도 나오는지 나오지 않는지 조사해 볼 때에 주주 구성을 볼 필요가 있으나 1만주나 10만주 정도의 투자가에게는 별 관계가 없을 것이다.

장기 투자라면 무상 교부가 있는가 없는가도 중요

일반인이 보아 참고가 되는 것은 우선 회사의 업적이다. 그 숫자를 읽으면 매년 어떤 변화기 일어나고 있는지 알 수 있다. 도중에서 갑자기 적자가 생겨 배당이 불가능해 지는 일도 있는데 그 이후의 움직임에 의해 주가가 급속도로 되돌아올지 어떨지 짐작할 수도 있다.

좌세보중공이 적자로 전락한 시점에서 주가는 떨어졌으나 坪內壽夫씨가 등장하여 인기적으로 상승했다. 그러나 정말 좋아졌는지 어떤지, 업적의 뒷받침이 있는지 어떤지는 주가를 안정시키는 중요한 포인트이므로 업적난을 보는 것이 중요하다.

또 1주당 이익률이 나와 있을 것이다. 이것도 상당한 참고가 된다. 그리고 이익률은 매우 높지만 약간의 배당 밖에는 하지 않는 회사라는 것을 알 수 있다.

「정보지」로는 업적 1주당 이익률 배당률을 보라.

대개 일본은 배당 성향이 매우 낮은 회사가 많다. 백퍼센트 이익이 있어도 회사는 많이 저축하고 주주에게는 15퍼센트인 7엔 50전을 올리면 많이 올리는 것이라는 생각이 강한 것이다. 증배도 하지만 그 정도로는 큰 인기를 모을 수 없으므로 지금은 무상 교부나 증자가 있나 없나를 생각한다.

5기 연속 1할 무상을 하면 복리로 1.1, 1.21로 증가함으로 5회하면 주식수는 상당히 늘어난다. 주가가 내리지 않으면 그만큼 벌게 되는 것이다.

옛날 경영자는 증배해도 같은 배당을 계속할 수 있을지 어떨지 가장 신경을 썼던 것이다. 그 점에서 최근에는 사고방식의 기준이 변했다. 1년에 한 번 무상 교부가 있느냐 없느냐

✚주식으로 벌기 위한 격언✚
쉬는 것도 거래. 거래에서는 팔
것인지 살 것인지 판단하기가 주저
되는 경우가 때때로 있다. 그런 때
는 다음 시세의 발전을 기다리는
편이 좋다.

하는 것은 3년, 5년의 장기 투자가 되면 무시할 수 없는 차이
가 생긴다.

　무상 교부가 있는가 없는가는 정보지 등을 보는 것만으로
는 전부 알 수 없지만 '금기에는 무상 교부가 있을 것이다'라
고 대강의 기일 시기가 적혀 있다. 정보지라면 권말가까운 곳
에 〈회사별 증자·배당 이동 예상 일람〉이 있으므로 그것을
보면 대략적인 것을 알 수 있다.

　또 정보지에는 한 회사마다 '부진'이라거나 '합리화'라거나
'회복' 등의 3~4행에 해당하는 코멘트가 있다. 업적이나 배당
자본금 등 왼쪽에 쓰여진 숫자는 3개월 전과 같지만, 주가의
고가와 저가 그 사이에 증자를 했나 하지 않았나 하는 코멘트
는 정보지가 나올 때마다 바뀌어져 있다. 코멘트 자체가 비교
적 중립성이 있으므로 일반인이라면 업적 1주당 이익·배당
률 등과 함께 참고해 가면 좋을 것이라고 생각한다.

《구영한의 원포인트 어드바이스》
정보지에서는 업적 1주당의 이익·배당률을 보라.

55. 공정보합이 내려가면 주가가 오른다는 것은 정말인가

옛날에는 금융 조작에 의해 경기·불경기 대책이 가능하다는 사고방식이 지배하고 있었다. 금융 조작 이라는 것은 통화의 공급량을 늘리거나 줄이거나 또는 공정보합의 율을 내리거나 올리거나 하는 것이다.

그것이 지금은, 돈의 양을 조절하는 것 만으로는 안되고 소득의 분배나 국고의 사용법이나 그런 모든 수단을 강구하여 경기·불경기를 조절하는 방법 이외는 없다 라는 현실적인 사고방식이 되어 있다.

그런 사고방식이 생긴 뒤 국민 한 사람 한 사람의 빈부의 차이는 작아졌으나 어느 나라나 국가 재정적으로 보면 적자 기조가 되어 버렸다.

특히 일본의 경우는 전후 미국 정부에서는 받아 들이지 않던, 사회주의적 사고방식을 받아 들인 무리가 멕아더의 브레인으로서 따라와 일본에서 그런 경제 정책을 단행함으로, 세율 하나로 예를 들더라도 지금은 미국 최고 세율이 50퍼센트인데 일본은 93퍼센트로 높아진 것이다.

그 때문에 일본 나라는 빈부의 차는 작아졌지만 나라가 모아둔 돈이 누구의 돈인지 알 수 없으므로 그 돈을 움직이는 입장의 무리들 사이에서 예산 싸움이 벌어지게 되었다. 그것이 계속 늘어나 국가로서는 100억엔의 빚이라는 결과가 되었

✚주식으로 벌기 위한 격언✚
손해를 보면 쉬는 것이 최상, 시
세에서 손해를 볼 때는 만회하려
서두르는 것보다 가만히 다음 찬스
를 기다려라.

다.

이 경향은 세계 모든 나라가 비슷하여 일본보다 더 나쁜나
라도 있다. 어떤 의미에서는 그것이 막다른 골목이라고 볼 수
도 있다. 그것을 타개하기 위해 전에 한 번 시도하여 효과가
있던 정책은 전부 동원하고 있다. 병을 치료할 약은 옛날 것
에서부터 지금의 것까지 전부 모아 놓고 있는 것이다.

그 중에서 일찌기 이것밖에 없다고 생각되던 약이 공정보
합이나 금리를 만지는 금융 정책인 것인데, 작금의 공정보합
의 움직임을 보고 있으면 그런 금융 조작은 경제 정책으로서
효과를 잃고 있는 것 같다. 예를 들면 경기가 성숙되어 있으
므로 금리를 올려, 모두가 돈을 빌리지 않도록 하기 위해 기
업은 투자하지 못 하도록 브레이크를 걸어도, 공장을 도중에
서 그만두는 기업은 없다.

경기가 몹시 나쁘다거나 이래서는 도저히 새로운 일을 할
수 없다 라고 생각하지 않는 한 금리 부담이 다소 늘어난 정
도로 투자를 그만 두지는 않는다. 즉 금리의 상승이 기업가들
의 일을 억제할 수는 없다 라고 생각하는 편이 좋지 않을까.

그럼 금리가 내리면 주가가 오른다는 것은 사실인가. 사실
그런 경향은 있는데 그것은 금융 시장이 산업계 이상으로 금

리의 영향을 받기 쉽기 때문이다. 공장을 세운다는 것은 3년이나 5년이 걸리는 일이므로, 금리의 영향이 미치기까지는 시간이 걸리지만 금융 시장에는 그날 중으로 영향이 미친다. 예를 들면 전체적으로 금리가 싸지면 국채와 같은 정율의 것은 시세가 높아진다. 금리가 내리면 내릴수록 다음에 발행되는 국채의 금리 조건은 내려감으로 이미 발행되어 있는 국채의 금리는 상대적으로 보면 유리하게 된다. 따라서 국채의 값이 오르는 일이 있다.

즉 금리의 오르 내림이 큰 영향을 주는 것은, 국채나 사채라는 정율의 이자가 붙는 상품이고 주식 시장에 주는 영향은 그다지 크지 않은 것이다. 그러므로 일반인이 주식을 하는 경우에는 공정보합이 어떻게 변화하는가에 좌우될 필요가 없다.

공정보합이 갑자기 변하는 경우는 예외이지만, 실제로는 언제쯤 오를 것이라든가 내릴 것이라는 것은 사전에 알 수 있으므로 그런 요소는 이미 주식시장에도 받아들여지고 있다고 보는 것이 좋을 것이다.

《구영한의 원포인트 어드바이스》
금리의 상하로 크게 영향을 받는 것은 국채나 사채. 주가에는 이미 그 요소가 받아들여져 있다.

56. 매일의 엔 시세나 '외인 매매' 정보 는 주가에 어떤 영향을 주는가

경제학의 원칙에서 말하자면 엔고가 되면 외국에 대한 수출이 어려워짐으로 일본의 수출은 줄어들 것이라고 생각해도 이상할 게 없다. 그러나 실제로 엔고가 된 후에 일본의 수출은 증가하고 있는 것이다.

어째서 그런가 하면 일본 기업의 이익 이라는 것은 원가가 얼마가 드느냐 하는 것보다 가공이나 인건비, 가동률과 관계가 깊기 때문이다. 엔고가 되었다거나 채산이 맞지 않는다고 해서 조업률을 떨어뜨리거나 할 수 없다. 오히려 엔고가 되면 될수록 힘을 내어 수출에 박차를 가해야 한다.

나는 전날 크라이슬러의 일본 판매 대리점 사장을 만나 이야기를 했는데 미국의 자동차는 일본에서 2년 동안에 1500대밖에 팔리지 않았다. 이유는 간단하다. 미국의 차는 일본과 같은 급의 차에 비해 가격이 비싸기 때문이다. 그렇게 하지 않으면 채산이 맞지 않는다. 이런 상황으로는 일본 기업의 수출이 증가하는 것도 당연할 것이다.

그러므로 상식적으로 생각하면 1달러가 200엔이 되어도 이상할 것이 없다. 그러나 실제로는 그런 논리대로 되어 가지 않는다.

예를 들면 일본 기업이나 경제계 전체의 이익은 국가 재정의 적자분 15억엔을 지불해도 잔돈이 남는다. 그 남은 돈을

✚주식으로 벌기 위한 격언✚
쉬는 것만큼 시세의 주의는 없다.
조금 벌었다고 해서 쉴 줄 모르고
계속 사면 손해를 보는 경우가 많
다.

국내에 빌려 줄 수는 없으므로 외국으로 가져나가 미국이나
유럽 여러 나라의 국채를 사는데 사용하고 있다. 그것을 선두
로 하는 것이 보험회사인 것이다. 보험 회사는 한달에 몇십억
엔 몇백억엔이라는 돈을 외국으로 보내고 있다.

이전에 대장성이 그것을 한때 미루도록 행정지도를 했더니
엔의 레이트는 1달러 240~250엔에서 230엔 대로 올랐었다.
따라서 만일 엔고가 되도록 하고 싶으면 금융 기관이 외국으
로 가져 가서 투자에 사용하고 있는 돈을 반년이나 1년 정도
잡아두면 된다. 한 번에 전부를 금지시키지 않고 조금씩 조절
하면 드디어 1달러 200엔이 되는 것이다. 그것은 그렇고 81년
부터 82년에 엔의 레이트 예상을 못한 것처럼 지금의 엔저를
누구도 예상하지 못했다. 요컨대 현실의 경제는 경제학의 이
론이 말해주는 대로 움직인 것이 아닌 것이다.

그런 의미에서 환의 변동 시세제도 한계가 나오고 있다. 환
시세로 국제무역의 밸런스를 조절하려 해도 그것은 좀처럼
조절 기능을 하지 못한다. 편무역이 되면 더더욱 편무역이 되
고 무역 수지가 흑자인 나라는 더더욱 흑자 일변도가 되어 버
린다. 그 때문에 최근에는 변동 시세제도는 안되지 않는가 하
는 반성이 나오기 시작하여 국제 회의에서 거론하고 있으나

✚주식으로 벌기 위한 격언✚
의심스러울 때는 아무일도 하지
말라. 눈 앞에 의문이 있는 재료가
있거나 시계(視界)가 불투명할 때
는 우선 시세에 손을 내밀지 말라.

본래대로 돌아갈 가능성은 적은 것이다.

돈의 시세(환율)보다 석유 시세를 주목하라.

그럼 오늘날 엔 시세가 주식 시장에 어느 정도 영향을 주고
있는가. 이론적으로는 영향이 있는 것이 당연한데 실제적으로
는 그렇지 못하다.

예를 들면 엔이 쌀 때에 외국의 돈을 가지고 와서 일본의
주식을 사고 엔이 비싸지면 팔 것이라는 것을 알 수 있다. 그
러나 그런 일은 거의 아무도 하지 않는다.

이론적으로는 알고 있어도 인간이 반드시 그 이론을 따른
다고는 단정할 수 없기 때문이다. 전에도 말했지만 겨울이 되
면 추워진다는 것을 알고 있으면서도 실제로 바람이 불고 추
위가 몸에 느껴지지 않으면 쉐터를 사는 사람이 없는 것과 같
다. 엔이 쌀 때에 사 두면 엔고가 되었을 때 벌수 있는데 실
제로는 그런 매매를 하는 사람은 적고 엔고가 된 다음 서둘러
사는 사람이 압도적으로 많다. 그러므로 엔고가 되기 시작하
면 급격히 그렇게 되는 것이다.

일본인은 외국 주식을 사는 경우가 적고 외국인이 일본의

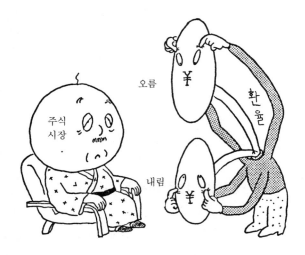

주가에는 엔 시세보다 석유 시세쪽이 영향을 미친다.

주식을 사는 것도 기금과 같은 그룹 투자밖에 없다. 오늘날은 엔고가 되어 주가가 강하다거나 약하다는 것이 신문에 실리지만 그런 움직임은 하루나 이틀로 사라져 버린다. 하물며 개인 개인이 엔 시세에 민감하게 반응하는 경우는 거의 없다.

그보다 주목해야 할 것은 석유의 가격이다. 예를 들면 석유의 가격이 싸지면 산유국들은 미국이나 일본 그리고 영국 등의 은행에 맡겨 둔 돈을 꺼내어 예산 부족을 보충하는 데 사용한다. 국채가 팔리고 은행 예금이 줄고 그만큼 환달러 매매로 돌려진다. 그렇게 되면 일본에서 돈이 도망쳐 가는 것이 되고 엔저 현상이 일어난다.

물론 산유국도 곧 돈이 필요한 것이 아니므로 상태를 보면

서 서서히 한다. 그러므로 한동안은 일본에서 돈이 도망쳐 나
가는 현상이 계속된다. 그 경향이 스톱되면 이번에는 일본의
금리가 내리고 공정보합도 내려간다.

아뭏든 엔고 엔저가 주식 시장에 미치는 영향은 장기적으
론 있을지도 모르지만 그 장에서 곧 영향을 주는 경우는 없다
고 생각하는 편이 좋을 것이다.

외국인 매매는 섬세한 매매를 하지 않는다.

엔고, 엔저라고 하는 신문을 보고 있으면 이번달은 외국인
매매가 증가했다거나 감소했다는 기사가 자주 나오고 있다.
만일 자신이 가지고 있는 상품에 외국인 매매가 증자하면 어
떤 영향이 있을지 주주로서는 마음이 쓰이는 것 중의 하나이
다.

외국인 매매라고 하여 능숙하게 섬세한 매매를 실시하는
것은 아니다. 시세만을 겨냥하여 비싸지면 판다는 식으로는
가지 않는다. 일본의 주식으로 투자되고 있는 돈은 국가의 돈
이거나 보험회사나 신탁기금의 돈이기 때문이다. 是川銀藏씨
는 한때 동화광업의 주식에 손을 대어 뚝 떨어진 때 아라비안

외국인은 겉만 보고 주식을 산다.

가 어딘가에서 판 적이 있다. 그것도 일본의 주식을 산 돈을
가지고 있던 정부계의 기관에 노무라 증권을 통하여 부탁해
서 팔았다고 한다. 시장에서 팔면 내리므로 수천 수만주를 직
접 매매했다고 한다.

외국인 매매에 대해 대화증권 사람으로부터 들은 이야기가
있는데 외국에서 주문하는 것은 한 가지 상품이 1천만주 단
위라고 한다. 1천만주를 모아 살 수 있는 상품이란 그렇게 많
지 않다. 역시 대자본의 큰 비지니스 뿐이다. 그런 회사라면
비록 1천만주를 산다 해도 주가는 10엔 정도 밖에 움직이지
않는다.

그런데 그렇게 사는 주식은 외국인이 일제히 팔려고 해도

4. 헛소문에 휩쓸리지 않기 위해서 211

그렇게 간단하게는 팔 수가 없다. 그러므로 일본의 주식시장에 외국인 매매가 들어오는 경우는 상당히 좋은 것이다. 왜냐하면 한 번 대량으로 산 것은 그렇게 간단하게 팔지않기 때문이다. 일본에서 나가기 위해서는 누군가로 교체하지 않으면 안된다. 현실적으로 외국인 매매도 일본인 매매와 다를 바 없다고 생각해도 지장없다.

단 외국인 매매에 영향을 주는 것은 엔이 높다거나 낮다거나 하는 환 시세가 아닌, 어디까지나 외국 쪽의 사정인 것이다. 그것은 일본에게 있어서는 알 수 없는 것이지만 석유의 가격이 어떻게 되는가 하는 것 등이 크게 영향을 준다.

외국의 사정에 아무런 일도 없으면 외국인 매매는 그다지 없다. 가령 미국의 경기가 회복되면 미국이 일부러 일본의 주식을 살 필요는 없는 것이다.

《구영한의 원포인트 어드바이스》
외국인 매매도 국내의 매매와 같다고 보고 환율의 높낮이에 민감할 필요는 없다.

57. 투자 컨설던트 회원이 되면 무엇이 득인가

최근에는 초보자 투자가를 회원으로 한 투자 상담 회사가 많아지고 있다. 훌륭한 팜플렛을 만들고 일개월 회비는 5만엔이라고 신문이나 잡지에 광고를 내어 회원을 모집한다.

물론 일반 투자가가 이런 투자 회사에게 상담하는 것은 상관없다. 그러나 주의해야 할 것은 엉터리가 상당히 많다는 것이다. 여러 가지 가르쳐 주므로 수업료를 내는 것은 당연하지만 그 이외의 수업료가 지나치게 비싸다.

예를 들면 나는 어떤 투자 컨설던트회사로부터 강연 의뢰를 받은 적이 있다. 나는 그 회사가 어떤 회사인지 몰랐는데 강연 부탁을 받았으므로 강연만 했다. 그것은 내 생각을 이야기한 것에 지나지 않지만.

그런데 손님 중에는 구영한이 그 회사를 추천했다고 받아들인 사람이 있는 것 같다. 실제로 본인인 내게는 아무말없이 누구 누구가 고문이라고 팜플렛에 인쇄하고 있는 회사도 있는 것 같다.

그 때문에 내게 항의문이 날아온 적이 있다. 거기에는 누구 누구에게도 이 편지를 전하라는 말이 적혀 있었다. 그들은 강연을 했던 사람들이었다. 피해를 본 사람들끼리 피해자 동맹을 만들었다고 했다.

주의하지 않으면 이런 일을 당하게 되는 경우가 많이 있다.

자주 있는 일로는 최근에 컨설던트로서 투자가와의 상담으로
손님의 돈을 맡아서 대신 투자를 하였다가 그것이 실패하는
케이스이다.

이것은 웃음거리가 될 이야기이지만 컨설던트 회사를 하고
있는 한 유명한 사람이 내게 '제 돈은 어떻게 하면 좋겠읍니
까'라고 상담하러 온 적이 있다. 그 사람의 말로는 다른 사람
에게 주식을 가르쳐 주는 것은 좋지만 자신이 끼면 자신이 산
주식만을 추천하게 되어 잘 되지 않게 되고, 그러므로 자신은
주식을 사지 않기로 하고 있었는데 대신 다른 사람을 벌게하
여 준 돈은 어떻게 하면 좋으냐 하는 것이었다.

그리고 신탁은행 중에는 '고객으로부터 돈을 맡아 대신 운
용 관리해 드립니다'하는 것이 있다. 그런데 이것은 돌다리를
두드리는 듯한 방법을 취함으로 조금도 이익이 오르지 않는
다. 엉터리도 곤란하지만 돌다리를 두드리며 건너지않고 있는
것도 곤란하다. 주식투자라는 것은 본래 모험적인 요소가 강
한 것이므로 타인에게 책임을 전가할 수는 없는 입장에 자신
을 두는 것이 필요하다.

《구영한의 원포인트 어드바이스》
주식을 하기 위해서는 책임 전가가 가능한 형으로 자신을 두지 말라.

58. 주식으로 벌기 위해 주식 전문지 등 을 어떻게 읽으면 좋을까

　내게는 업무상 주식관계 전문지나 그 외 여러가지 신문·잡지류가 우송되어져 오는데 나는 원칙적으로 그들을 보지않기로 하고 있다.

　그것은 매일 뉴스가 너무 많으면 그 홍수에 휩쓸려 중요한 흐름을 잃기 때문이다.

　미국의 강철왕으로서 알려져 있는 앤드류 카네기는 '주식에 너무 정신을 쏟다보면 개미 집이 큰 산으로 보이거나 큰 산이 개미 집처럼 보이는 경우가 있어 판단을 그르치는 일이 있다' 라고 말했는데 나도 그것이 맞는다고 생각하고 있다.

　카네기는 신문 배달에서 시작하여 미국의 강철왕으로 입한 사람으로 알려져 있는데, 성공하여 돈에 여유가 생기게 되자 뉴욕에서 증권회사 세일즈맨이 계속 쫓아왔다고 한다.

　그리고 세일즈맨이 권하는 주식을 시키는대로 샀다. 그 시비는 어쨌든, 주식을 하게 된 카네기는 자신도 모르는 사이에 아침에 일어나면 신문의 주식 시세란부터 읽게 되었다고 한다.

　그러던 어느 날 카네기는 이래서는 안되겠다고 생각했던 것이다.

　자신이 산 주식에만 신경을 쓰면서 그만 그것만을 읽고 있었는데, 그렇게 되면 부분만이 큰 뉴스로 보여 전체 경제의 움직임을 보지 못하게 된다는 생각이었다.

그것을 알아차린 카네기는 자신의 회사와 그 관련 회사의 주식을 제외하고, 전부 팔아 버렸다고 한다. 그것은 그야말로 카네기다운 결단이라고 생각된다.

자신을 컨트롤할 수 없을 정도가 되면 그날 그날의 주식 시세에만 신경이 쓰이고 전체의 흐름은 보지 못한다. 주식 시세의 오르 내림에 자신의 생활 전체가 흔들리는 것은 좋은 현상이 아니지만 이것은 주식투자를 하고 있는 사람이 빠지기 쉬운 결함인 것이다.

내 친구 들을 보아도 매일의 주식 오르 내림에 신경을 쓰지 않는 사람쪽이 결과적으로 주식으로 벌고 있다. 그들은 작은 것은 보지 않고 가장 고가일 때와 저가에 가까울 때 만을 주의하고 있기 때문이다.

《구영한의 원포인트 어드바이스》
전문지가 제공하는 눈 앞의 가격 상하에 얽매이면 큰 흐름을 놓친다.

59. 주식을 매매하고 있는 것은 법인이 많아 개인 투자가는 불리하지 않을까?

일본 주식회사는 주주를 그다지 우대하지 않고 있는 경향이 있다.

예를 들면 상당한 이익을 내어도 그 대부분을 내부 유보로 해 버린다. 어떤 상장 회사나 이익을 100퍼센트로 하면 주주에게 배당하는 것은 15퍼센트 정도로 나머지는 모두 내부 유보로 들린다. 이것을 기업측에서는 안정 배당이라고 칭하고 있다.

그렇게 하면 높은 주가에 비해 배당률은 굉장히 낮으므로 개인 주주 중에는 '재미없다'라며 주식에서 손을 떼어 버리는 사람이 많은 것이다. 그때마다 법인이 그 주식을 산다. 이런 일이 쭉 계속되고 있으므로 오늘날 전 주식 수의 약 3분의 2는 법인이 가지고 있다.

이것으로 때로는 주식 시장에서 개인 투자가가 사라지게 될지도 모른다. 그것은 곤란하다고 하여 최근에는 개인 투자가를 증가시키려는 움직임이 있는 것이다.

그러나 회사측에서 보면 천주 정도의 개인 주주가 총무부에 전화를 하여 '어째서 주가가 내렸나요, 사장을 대요'라고 불평을 해오는 것은 곤란하다. 그보다도 회사의 경영에 참견을 하지 않는 법인 주주 쪽이 좋은 것이다.

예를 들면 거래가 있는 기업이라면 주식은 가지고 있어도

✚주식으로 벌기 위한 격언✚
금이 될 나무는 물에서는 살 수
없다. 땀을 흘리지 않으면 말라 간
다. 주식투자는 연구가 제일. 그를
위해 드는 비용을 아끼지 말라.

대개는 백지 위임장을 내 준다.

또 은행이나 보험 회사는 주식은 가지고 있어도 원칙적으
로 회사 경영에는 간섭하지 않는다. 즉 돈은 내어도 참견은
하지 않는 것이다. 삼월 사건과 같은 경우에는 주주 기업 사
이에 대책을 상담했었지만 그렇지 않은 경우에는 경영에 참
견하지 않는다. 그러므로 기업에 있어서는 법인 주주를 많이
가지고 있는 편이 편해진다.

사실 사장이 죽어 그 주식을 어딘가에 팔아야 할 경우에는
자력이 있는 보험회사나 은행 또는 그 회사의 거래처인 기업
이 주식을 인수하는 케이스가 많다. 개인에게는 그럴만한 자
력이 없기 때문이다.

그 결과 법인이 소유하는 주식이 더욱 증가하고 말았다. 이
경향은 앞으로도 더더욱 강해질 것이라고 생각한다.

무슨 일이 있을 때마다 주식은 개인의 손에서 법인의 손으
로 옮겨져 간다. 예를 들면 홍콩의 왕증상이라는 사람이 편창
공업의 주식을 23퍼센트 정도 점유했다. 그것을 만일 일본측
에게 인수하게 한다면 역시 법인 밖에 없다. 그만큼 또 개인
이 가지고 있는 주식의 비율이 줄어들게 된다. 그리고 외국
자본이 일본의 주식을 사는 경우에는 거의가 법인인 것이다.

기업은 개인보다도 법인 주주를 우대한다.

그러나 너무 개인 주주가 줄어가는 것은 주식 시장에 있어서
는 조금도 바람직한 것이 아니라고 할 수 있다.

주식이라는 제도는 자본을 집중시킨다거나 반대로 재산의
위험을 분산시킨다는 의미에서는 상당히 우수한 발명인 것이
다. 다만 이 제도에는 몇 가지 모순이 있다.

그런 의미에서 이 제도가 과연 영원히 계속될지 어떨지는
의문이다. 대부분의 사회제도라는 것은 시대가 변화하면 도움
이 되지 않게 되는 것이 많다. 이미 미국에서는 주식시장
이 몇년동안 저미한 때에 '주식은 죽었다'라는 특집을 만들어
낸 적이 있다. 최근에 와서는 또다시 주식이 숨을 쉬게 되었

✚주식으로 벌기 위한 격언✚
시세는 늘 변한다. 시세는 언제
국면이 변할지 모른다. 어떤 일이
일어나도 이상하지 않은 것이 시세
이다.

으므로 정말 죽어 버리기 전에 어떤 수를 쓸 필요가 있을지도
모른다.

《구영한의 원포인트 어드바이스》
기업이 개인보다 법인을 우대하는 경향은 금후 더더욱 심해진다.

60. 주주 총회에 나가는 것은 그 회사를 판단하는 기준이 되는가?

일반 주주가 주주 총회에 출석해도 거의 이익은 없다. 이전에는 2~3분에 끝나는 주주 총회가 많았는데 최근에는 상법이 개정되어 2시간 이상에 걸쳐 행해지는 경우가 많아졌다.

그 주주 총회에 출석한다고 해서 주식을 하는데 이익이 될 것은 하나도 없다. 나 자신 아직 한 번도 주주 총회에 나간 적은 없다. 총회 위원은 별도로 하고 일반인으로 주주 총회에 나가는 사람은 어지간히 시간에 여유가 있는 사람일 것이다.

게다가 상장 회사에는 주주 총회와는 별도로 대주주회라는 것이 있어 5만주나 10만주 이상의 대주주를 특별히 초대하여 사장이 결산 내용 등을 설명하고 있다. 이것은 말하자면 회사 측이 사전에 모여 주주의 양해를 구하려는 일종의 의식이라고 할 수 있다.

주식의 매매나 배당 이외에 주주로서의 이익을 향수할 생각이면 주주 총회에 출석하는 것보다 오히려 '주주 우대 제도'를 전적으로 활용해야 할 것이다. 이것은 회사의 영업에 지장이 없는 범위에서 실시되고 있으므로 내용은 대단한 것이 아니지만 그래도 잘 이용하면 다소나마 득이 된다.

예를 들면 사철인 경우에는 몇만주 이상의 주주에게는 무료 패스를 준다는 회사도 있고, 슈퍼마켓 중에는 고정객을 확보하기 위해 몇 주 이상의 주주에게는 값을 몇퍼센트 깎아 주

는 카드를 주기도 한다. 또 옛날부터 있는 것으로는 영화 회
사가 무료 초대권을 발행하고 있는 것이다.

이런 '주주 우대 제도'의 내용은 '회사 정보지'에 나온다.

끝으로 2~3의 회사 주주 우대를 보면 서무철도는 3만 5천
주 이상의 주주에게는 전철 전선의 패스, 7만주 이상이 되면
전철과 버스의 공통 패스를 주고 있다.

이에 비해 동급전철을 보면 2만 8천주 이상에게 전철 전선
패스, 5만 7천주 이상에게 전철과 버스 패스를 준다. 또 1만주
이상 1만 9천주 이상의 주주에게도 회수권 방식의 전철우대
권을 각각 30매, 60매씩 주고 있다.

이것을 이용하지 않을 필요는 없다. 그러므로 같은 사철주
를 가지려면 동경사람이 관서의 사철주를 사는 것보다 실제
로 패스를 이용할 수 있는 동경의 사철주를 사는 편이 득이
되는 것이다. 이것은 주가는 도외시하고 이야기하는 것이지만.

《구영한의 원포인트 어드바이스》
주주가 되어도 주주 총회에 나가서 득이 되는 것은 없지만 주주 우대라
면 이용할 수 있다.

61. 주식에 투자할 때 경제 상황의 예측은 어느 정도 앞까지 생각하면 좋을까?

나는 주식에 투자할 때는 1년 정도 앞의 일을 생각하면 좋을 것이라고 생각하고 있다. 5년 후 10년 후는 어떻게 될까라고 말하는 사람도 있는 것 같은데 주가를 그렇게까지 생각하는 것은 이상한 것이다. 이 주가는 5년후에 얼마가 될 것이라고 해도 현실적으로 내일부터 내리기 시작하면 어쩔 수가 없는 것이다.

판급 그룹의 창시자 小林一三씨는 매매하는데 너무 앞의 일까지 생각하지 말라고 말하고 있다. 1년 정도 앞의 일을 생각하면 좋다고 말하는 사람이 많다. 큰 의미에서는 장기 전망이 필요하지만 장기 전망을 한 뒤 1년 정도 어떤 변화가 일어날지 그것을 생각하면 맞을 것이라고 생각한다.

그래도 알 수 없는 것은 알 수 없는 것이다. 작년 여름의 시점에서 '내년이 되면 미국의 경기는 좋아지지 않을까'라고 말하는 정도는 나도 예측할 수가 있지만.

82년의 시점에서 신문은 어디에나 뭐가 뭔지 알 수 없는 말만 쓰고 있었다. 그 전 해에는 가을이 되면 좋아질 것이라고 쓰고 있었고 가을이 되자 이번에는 봄이 되면 좋아질 것이라고 쓰고 있었다. 희망적인 관측을 하여 앞으로 앞으로 나가는 논조가 많았던 것이다.

그에 비해 나는 좀더 분명하게 말하고 있었다. '올해도 안

됩니다'라고 말해 오다가 82년 봄이 되어 이번에는 '드디어
터널을 빠져 나간 것 같습니다'라고 예측했는데 그것이 맞았
던 것이다. 그래도 겨우 반년 정도 앞의 일 밖에 맞추지 못했
던 것이다. 가끔 예측이 맞는다고 해도 주가가 그대로 움직여
갈지 어떨지는 알 수 없다.

어느 정도 앞을 읽을 힘을 가지고 있는 사람이 몇 사람은
있을 것인데 모두 같은 말을 하지는 않을 것이다. 한 사람 한
사람 모두가 다른 것이다. 그러므로 그 중에서 자신이 정말로
신용할 수 있는 사람을 선택한다. 과거에 있어서 실적이 있는
사람의 말 만을 듣는 수밖에 없을 것이다.

다만 주식투자를 하기 위해서는 下村治씨와 같은 '만년 비
관론'은 피하는 편이 좋을 것이라고 생각한다. 그 사람이 말
하는 대로 된다면 일본의 주식은 전부 버리는 수밖에 없다.
경기, 불경기는 있어도 생활도 장사도 계속되고 있다. 화복
(禍福)은 어쩔 수 없는 것으로 좋은 일이 있는가 하면 나쁜
일도 있는 것이다.

《구영한의 원포인트 어드바이스》
자신이 신용할 수 있다고 생각하는 사람의 의견을 참고로 1년 앞을 생
각하여 투자하라.

62. 공장 견학 등은 자신이 겨냥하는 회사의 주식 판단에 도움이 되는가

내가 막 주식 투자를 시작 했던 무렵 그 기회에 도기와 자동차 공장을 견학한 적이 있다.

당시 도기회사는 3천명의 종업원이 있었고 홍차나 커피 찻잔을 만들고 있었는데 그것이 1개에 100엔이었다. 그런데 자동차 공장에서는 내가 서 있는 앞에서 2분 동안에 1대 씩 자동차가 만들어져 나왔다. 그것이 한 대에 100만엔으로 전부 팔린 것이라고 했다. 그 공장은 종업원이 7000명이었는데 1대 백만원에 팔린다고 하므로 커피나 찻잔보다 자동차 쪽이 좋지 않을까 라고 생각했던 것이다.

앞에서도 이야기했지만 원일경(元日經)의 사장이었던 小地利得씨에게 속상품보다 겉상품 쪽이 좋다는 말을 들은 적도 있고 하여 도기의 주식을 팔고 자동차나 정공 주식으로 바꾸었던 것이다. 그랬는데 일본 도기의 주식이 쑥 올라 버렸다. 자동차의 겉상품 주식은 전혀 오르지 않았던 것이다. 공장 견학을 하지 않았으면 일본 도기의 주식은 팔지 않았을지도 모른다.

그러므로 라는 뜻은 아니지만 공장을 견학해도 그다지 참고가 되지 않지 않을까. 유업의 공장은 주주를 우대하는 의미로 참관하기 쉽도록 설계해 놓고 있는데 공정이 보일 뿐이다. 기계나 프랜트를 만드는 공장은 비밀이 새어 나갈 것을 두려

✚주식으로 벌기 위한 격언✚
먼 것은 팔아라. 자신이 모르는
회사나 주변 생활과 관계없는 주식
은 사지 않는 편이 현명하다.

위하여 누구도 들이지 않는다. 그리고 초보자가 보았자 뭐가
뭔지 알 수 없다. 내 경우는 가끔 글을 쓴다는 특수한 입장에
있으므로 그것이 주가에 영향을 주지 않을까 하고 신경질적
으로 생각하여, 사장이 스스로 선두에 서서 안내해주는 경우
가 있다. 그러나 그때 거짓말을 듣게 되는 경우도 있는 것이
다.

게다가 천주 주주가 공장에 밀려드는 것은 공장에서 보면
성가신 것이다. 다만 공장 견학을 하고 글을 쓰는 사람이 있
으므로 그것을 읽을 수가 있다. 흥미만 가지고 있으면 어느
잡지에 어느 공장 이야기가 쓰여져 있는지 자연히 알 수 있다.
다만 그 경우에도 신용할 수 있는 사람의 것이 아니면 안되는
것이다. 보통 경제 관계의 책을 읽어 보면 이 사람은 자신의
지표가 될 수 있는 사람인지 어떤지 판단할 수 있을 것이다.
그런 사람이 쓴 것을 읽도록 한다. 단순히 회사의 근황을 설
명하고 있는 것은 그다지 참고가 되지 않는다.

《**구영한의 원포인트 어드바이스**》
섣불리 견학 가는 것보다 자신이 신뢰할 수 있는 작가가 쓴 그 회사의
근황을 주목한다.

63. 비지니스 경험이 없는 주부 등이 주식 투자를 할 때 무엇을 주의하면 좋을까

비지니스 경험이 있는 사람과 없는 사람, 어느 편이 주식 투자에 정확한 판단을 할 수 있을까는 반드시 경험자 쪽이 유리하다고 단정 지을 수는 없다. 비지니스 따위를 모르는 주부 쪽이 오히려 정확한 사고방식으로써 성공할 가능성도 있다.

그 좋은 예가 은행인이다. 은행인은 회사의 재무내용을 성가실 정도로 취급하고 있으나 주가는 '미인 대회'의 면이 강하다는 것을 모르고 있다. '예쁘다'라는 것 만으로 모두가 표를 던지고 있는데 은행인은 열심히 건강진단만을 하고 있다.

예를 들면 어떤 회사에 1년반 분의 오토바이가 산같이 쌓여 있으면 은행원은 이 회사는 안된다 라고 판단하는 것이다. 그러나 그 반면 지금 새로이 계획하고 있는 자동차가 큰 히트를 할 것 같다 라는 뉴스만으로도 주가는 오르는 것이다. 오토바이 존재따위는 그다지 관계가 없다.

경제와 비지니스 지식이 있다고 하면 사물의 견해가 한쪽으로 치우칠 우려가 있다. 경제 전체가 매우 비관적인 상태인 때는 마이너스 쪽을 보고 싶어진다. 앞날이 밝을 때는 낙관적인 것을 보게 된다. 전체적으로 강한 쪽을 봄으로 주가는 그 동안 계속 앞으로 가버리는 일도 있다.

하나의 상품을 보는 경우도 비지니스맨은 한 가지 신제품이 생길 때까지 여러 가지 어려움이 있어 그렇게 간단하게는

✚주식으로 벌기 위한 격언✚
주식이 비쌀 때는 최상으로 보이
고 쌀 때는 최저로 보인다. 매매 인
기에 잡혀 사면 결국 고가(高價)를
잡게 된다.

만들어지지 않을 것이라고 쓸데없는 생각을 할지도 모른다.
그러나 부인들 쪽은 그렇게는 생각하지 않는다. 그 세제는 상
당한 인기가 있어 잘 팔리므로 사보자 라고 생각한다.

주식투자는 초보자가 바른 판단을 할 수 있다라고는 단정
할 수 없지만, 몇십년이나 같은 경험을 쌓으면 사물의 판단
견해가 원패턴이 되어 틀리는 경우가 많은 것이다. 그 점에서
주부 쪽이 유리하다고 말할 수도 있다. 슈퍼에 가도 백화점에
가도 인기 상품을 민감하게 느낀다. 성장주 시대에는 그런 판
단이 매우 중요했던 것이다.

이 경향은 지금 시대에도 끈기있게 살아있다. 가정 잡화라
도 좋다, 전화제품이라도 좋다, 무엇이든 신변 주위의 것이
날개 돋힌 듯 팔리는 것을 보며 그 회사의 주식을 사 보려는
힌트를 얻기도 한다. 실제로 과거에 있어서는 그렇게하여 성
장회사의 주식을 산 예가 상당히 있는 것이다.

《구영한의 원포인트 어드바이스》
주식투자에 비지니스 경험은 그다지 관계없다. 백화점의 매물이라도 벌
수 있는 주식은 발견할 수 있다.

64. 주식으로 번 돈에는 어느 정도의 세금이 붙나

주식 매매로 번 돈에는 세금은 붙지 않는다고 생각해도 좋다. 대강 국세청에 규정이 있어 1년에 20만주 이상 50회 이상의 매매를 하면 '연속적 거래'라고 하여 영업 행위로 보아 세금이 붙는다. 그러나 그 적용을 받는 것은 일반 투자가의 경우 매우 적다. 내가 알고 있는 사람 중 한 사람 만이 이 문제에 걸린 사람이 있는데 그 사람은 세금으로 세무서와 큰 싸움을 한 예외적인 사람이다.

그러나 是川銀藏씨나 笹川씨 일가, 성비(誠備) 그룹 등과 같이 프로가 되면 당연 과세 대상이 된다. 개인이 하면 93퍼센트까지 과세가 됨으로 회사 형태로 하는 편이 절약이 되는 것이다. 그러므로 是川씨 등도 회사로 바꾸었다.

본래 지금 시대는 프로가 아니라도 1500만엔 정도이므로 그렇게 적은 숫자가 아니다. 그러므로 만일 좀더 큰 매매를 할 경우에는 가족이 다섯명 있는 가정이면 다섯명 명의로 분산하여 절세하는 것이다. 애써 주식으로 벌어도 자칫 세금으로 다 내버리게 되는 경우도 있기 때문이다.

단 주식 배당금에는 배당 소득으로서 세금이 붙는다. 그런 만큼 세금 대책을 단단히 생각해 두어야 한다. 배당금이 있는 주식을 가지고 있는 경우는 1상품당 1회의 배당금액이 5만엔 이하(1회이면 10만엔 이하)가 되도록 분산해 주는 것이 현

일반 투자가라면 세금 염려는 없다.

명할 것이다. 이렇게 해 두면 세금은 배당을 받을 때에 20퍼
센트가 원천 징수될 뿐으로 주민세도 과세되지 않는다.

모두 1천주 단위이므로 세금의 일은 전혀 염려하지 않아도
좋다.

《구영한의 원포인트 어드바이스》
일반 투자가라면 배당이 없는 한 세금 염려는 할 필요가 없다.

65. 주식에 대한 '감'을 키우기 위해서는 어떤 일을 하면 좋을까

세상에는 영감을 가진 인간이 있다고 한다. 그런 사람들은 자주 '이번 오르는 주식은 이것이다'라고 말하는데 나는 어떤 이유가 있어 그런 말을 하는지 납득할 수 없으므로 그다지 신용하지 않기로 하고 있다.

나는 영감에 대해 거의 거절을 하기로 하고 있다. 그것은 그런 영감적인 감이라는 것은 주식 투자와 관계가 없다고 생각하고 있기 때문이다.

인간이라는 것은 너무 소심한 상태에 놓여지면 그만 그런 것에 의지하고 싶어진다. 정치가가 점성가와 관계가 깊은 것도 정치라는 장사가 의지할 데 없는 장사이기 때문이다. 선거에 낙선하면 지옥과도 같아 지는 것이므로 이것은 어려운 장사라는 것을 나타내고 있다.

그것은 어쨌든, 주식을 하는데 있어서는 그런 영감적인 언동에 좌우되게 되면 적신호라고 할 수 있을 것이다.

주식을 하는데 '감'이라는 것은 소중한 요소이지만 그것은 영감적인 것이 아닌 어디에 어떤 일이 일어날 것 같다라는 '예감'이다. 그것은 단순히 주식을 하는데 뿐만 아니라 모든 사업을 하는데 있어서도 필요한 것이다. 그 뿐 아니라 학문을 하는 데에도 필요할 것이다.

인간은 데이터 만으로 사물을 판단할 수는 없다. 거기에 번

✚주식으로 벌기 위한 격언✚
주식과 결혼하지 말라. 대중 투
자가는 우선 작게 하라. 미국에서는
'잠을 자지 못할 정도로 주식을 지
니지 말라'라고도 한다.

___

뜩임이라거나 감이라는 것이 플러스되는데 그런 것은 역시
풍부한 경험 중에 몸에 배게 되는 것이다. 즉 제 일선에서 일
을 하지 않으면 실전적인 감이라는 것은 키워지지 않는다.

그러므로 은거하고 있던 사람이 어느 날 감이 작용하여 주
식의 대폭락을 예견하는 일은 결코 있을 수 없다.

역시 뭐니뭐니 해도 매일 연마된 신경으로 산업계나 증권
시장에서 일을 하고 있지 않으면 주식에 대한 감은 생기지 않
는다. 바꿔 말하자면 항상 문제 의식을 가지고 살도록 해야하
는 것이다.

그 경우 가령 자신이 생각하고 있는 것과 전혀 다른 일이
일어나도 그것은 그것대로 하나의 힌트인 것이다. 또는 자신
이 생각하고 있던 것이 바로 적중해도 그것은 마찬가지로 하
나의 힌트인 것이다.

이것이 매우 중요한 것이다. 인간은 아무래도 이제까지의
상식이라는 것에 얽매이는 경향이 있다. 그러므로 상식에 반
대되는 것이나 자신이 믿고 있지 않은 것에 대해서는 판단의
재료에서 떼어 버리는 경우가 많다. 그래서는 안된다고 생각
한다.

자신이 생각하고 있는 것에 반대되는 것이나 상식으로 생

각해 믿을 수 없는 일이 일어난 경우는 그것이 세상의 새로운 경향일지도 모르는 것이다.

그것을 계기로 하여 어쩌면 지금까지의 상식을 180도 수정할 필요가 있을지도 모른다. 그렇게 생각해야 할 것이다.

인간이 큰 찬스를 놓치는 것은 대부분의 경우 고정 관념에 얽매여 버려 새로운 발상으로 사물을 판단할 수 없기 때문이다. 상식 외의 일이라는 것은 정신을 차리게 해 주는 자극제라고 할 수 있다.

그것은 단순히 주식 시장에서 성공하기 위한 노우 하우가 아닌 그 외의 사업이나 학문 또는 놀이를 포함한 인생전반에 걸쳐 말할 수 있는 것인데, 특히 주식 시장에 한해 말하자면 그런 유연한 사고가 없으면 큰 이익을 손에 잡을 수 없다고 생각한다.

《구영한의 원포인트 어드바이스》
때때로 일어나는 자신의 상식과는 정반대의 일을 소중하게 본다.

주식 투자가를 위한
주식 용어 해설

가격변동준비금(價格變動準備金 ; reserve for fluctuation)

기업이 이미 가지고 있는 제품이나 원재료 등의 재고자산 또는 유가증권의 가격하락으로 인하여 생기게 될지도 모르는 손실에 대비하기 위하여 설정해 놓은 준비금을 가격변동준비금이라 한다.

가수요(假需要)

주주가 되어 직접 경영에 참가하거나 배당금을 받는 것을 목적으로 하여 주식을 사는 것이 아니라, 단기간을 보유하여 그 차액을 이익금으로 할 목적으로 주식을 사는 것 또는 그 물량을 말한다. 가수요가 많으면 앞으로의 주가가 불안해지는데, 그 요인은, 가수요가 많을 경우에는 반드시 반대매매가 행하여지기 때문에 주가상승을 억제하는 역할을 자동적으로 해내기 때문이다. 이러한 상황과는 반대로 주식을 장기간 보유하여 기업에 대한 소유권을 노리는 것을 목적으로 사는 주식을 실수요 라고 한다.

주식에 있어서 실수요가 많다는 것은 그만큼 그 주식의 장래가 안정된다는 것을 보여주는 것이다.

간사회사(幹事會社)

유가증권의 발행인에게 의뢰를 받고 유가증권의 인수, 모집 또는 기타 필요한 사항에 대하여 발행하는 회사와 인수단(引受團)의 중간 역할을 담당하는 회사를 말한다. 따라서 간사회사는 보통 인수단을 대표하는 것이 관례이다. 우리나라에서는 일반적으

로 증권회사나 은행, 종합금융 등이 간사회사가 되어 인수단의
역할을 담당할 수 있다.

간접발행(間接發行 ; offer for sale, indirect issues)
채권의 발행방법의 일종이다. 발행회사가 모집이나 또는 그 사
무를 은행이나 증권회사에 맡겨서 간접적으로 모집하는 방법을
말한다. 이것을 간접모집이라고도 한다. 발행회사에서는 모집을
위탁하는 은행이나 증권회사 등에 수수료를 지불하는 반면에 은
행이나 증권회사 등의 신용과 경험을 이용해서 대량 채권의 발행
이 용이해진다. 간접발행은 대체로 위탁모집과 청부모집으로 나
누어진다. 위탁모집은 수탁회사(은행 등)를 통하여 채권을 신속
하게 판매할 수 있는 이점이 있지만 팔고 남은 것은 발행회사에
서 책임을 지게 되어 있다. 따라서 실제로 많이 이용되고 있는
방법은 청부모집이다. 청부모집은 은행이나 신탁은행 등이 모집
을 위한 수탁회사로서 모든 모집사무를 취급하고 동시에 증권회
사가 인수회사로서 채권의 판매를 책임지는 방법이다. 이 경우,
매출 후 잔여분이 있을 경우에는 증권회사가 이를 모두 인수하기
때문에 이 방법을 잔액인수 또는 인수모집이라고도 한다.

간접투자(間接投資 ; indirect investment)
투자가가 증권시장 등을 통하여 직접 증권이나 채권 등에 투자
하는 것을 직접 투자라고 하는데 반하여 간접투자는 금융기관이
예금 등의 형식으로 수탁된 자금을 기업에 대부하거나 증권 등에
투자하는 것을 말한다.

감가상각(減價償却 ; depreciation)

기업이 가지고 있는 유형의 고정자산은 땅(토지)을 제외하고는 사용에 따라서 그 가치가 소모되기 마련이다. 사용하는 시간의 흐름에 따라 고정자산의 소모에 드는 비용을 감가상각비라 한다. 이 감가상각비를 매 결산기마다 일부씩 차감해 나가는 것을 감가상각이라 한다.

개인주주(個人株主 ; individual stockholder)
개인주주란 법인주주와 기관투자가가 아닌 일반투자자를 말한다. 주식에 있어서는 자본 경영자 등도 개인주주에 포함한다.

거래량(去來量 ; trading volume, turnover)
증권거래소 안에서 매매된 주식수를 거래량이라 한다. 매도주수가 100주, 매입주수가 100주인 경우의 거래량은 100주로 산출된다. 일반적으로 매매량과 거래량은 같은 의미로 사용되고 있다.

거래은행(去來銀行 ; correspondent)
한 국가의 외국환은행이 외국환거래를 하기 위해서는 해외의 타은행과 환거래에 관한 계약을 미리 체결해 두지 않으면 안된다. 이 계약을 코레스계약이라고 하며 그 상대은행은 거래은행이라고 한다.

경과이자(經過利子 ; accrued interest)
이자부채권(利子附債券)을 사고팔 때 지난 번 이자 지급일의 다음날부터 매매수도일까지의 경과일수에 따라 일할 계산하여 지급하는 미수익 이자를 말한다. 실제에 있어서는 매매거래상 경과이자를 매매가액에 포함시키고 있다.

경상수지비율(經常收支比率)

경상수입을 경상지출로 나눈 백분율을 경상수지비율이라 한다. 이것은 곧 지불능력이나 변제 능력을 나타내는 지표로 쓰인다. 이 비율이 높을수록 기업의 지불능력 역시 높은 것이며, 이는 기업의 유동성 분석의 중심이 된다.

경상이익(經常利益 ; operating income after depreciation)

기업의 결산기에 나오는 실질이익을 경상이익이라 한다. 매출액에서 매출원가와 판매비, 일반 관리비를 뺀 것이 영업이익이고, 여기에다 영업의 손익을 가감한 이익이 바로 경상이익이다. 보통 기업의 당기 순이익이라 하면 해당 기(期)의 영업활동과는 직접적인 관계가 없는 토지, 유가증권 등의 매매이익이나 재해 등에 의한 특별손익이 가감되는 경우가 많으므로 해당 기(期)의 정확한 이익을 파악하기 위해서는 경상 이익이 당기순이익보다 더 중요하게 된다.

경영자주(經營者株)

기업의 자금조달을 용이하게 하기 위하여 배당 등에 있어서 보통주보다 하위의 주식을 발행하여 기업의 발기인이나 경영자, 대주주 등이 취득하는 주식을 말한다. 이 주식은 보통주에 비해 배당율과 배당순위가 낮은 것이 특징이다.

고가매입(高價買入)

천정에 다달아 있는 주식을 사는 것을 말한다. 주가가 계속 올라가다가 하락하기 바로 직전에 매입하는 것을 고가매입이라 한다.

고가주(高價株 ; high-priced stock)

주가의 수준이 비교적 높은 주식을 말한다. 자본금이 적고 기업의 업적이나 업종 내용이 좋은 종목 중에 고가주가 많다. 그래서 고가주를 고가우량주라고도 하며 또는 고가품귀주라고도 한다.

고객지주제도(顧客持株制度 ; costomer stock ownership)

기업이 거래처와의 관계를 보다 밀접하게 유지하기 위해서 신규로 발행하는 주식을 제품의 구매처 등의 거래처에 나누어 판매하고 그들의 주식 보유분을 늘려가는 제도를 말한다. 이 제도의 주목적은 자금조달을 도모하면서 전력 등 공익기업의 국영화를 막고 민영기업으로 육성하는데 일익을 담당하자는 측면도 가지고 있다.

공개법인(公開法人 ; public corporation, open company)

공개법인은 법인세법에 명시되어 있다. 증권거래소에 상장되어 있거나 모집설립 또는 공모 증자한 법인으로서 일정한 요건을 갖춘 법인을 말한다. 여기에서 일정한 요건이라 함은, 첫째, 주주 1인 및 그와 특수한 관계가 있는 사람이 소유한 주식의 총 수가 발행 주식 총 수의 100분의 51 이하일 것. 둘째, 소액주주의 보유 주식수가 발행주식 총 수의 100분의 40 이상일 것. 세째, 소액 주주의 수가 300명 이상일 것. 이상과 같은 요건을 갖춘 법인이 공개법인이 될 수가 있다. 공개법인이 아닌 법인을 비공개법인이라고 하며 이를 세제상 구별하고 있다.

공개주(公開株 ; introduced stock)

주식을 처음으로 증권거래소에 상장하는 것을 공개한다고 한다. 그리고 공개된 주식을 공개주라고 한다. 또한 상장된 회사를 상장회사라고 한다. 이를 공개법인이라고도 한다. 공개 주는 증권거래소에서 누구든지 자유롭게 거래할 수 있는 주식이다. 이에 비하여 비공개주는 주주가 가족 및 특수한 관계에 있는 소수인에 한정되어 있어서 증권시장에서 거래되고 있지 않는 주식을 말한다.

공모(公募 ; public offering)

회사를 새로 설립하거나 증자할 때 주주 또는 특정한 거래처 및 은행 등에 신주인수권을 주지 않고 일반투자자를 대상으로 널리 신주를 발행하여 모집하는 것을 말한다. 공모를 할 경우에는 발행조건이 모두 같고 발행가격이 불공정하게 되지 않도록 법으로 규제하고 있다.

공모주청약(公募株請約)

공모주청약이란 신주발행이나 구주의 매출을 통하여 기업을 공개할 때 특정인이 아닌 일반투자자로부터 청약을 받아 배정하는 것을 말한다. 공모주의 청약은 신주 및 구주의 매출 내용을 확인한 다음, 청약기간에 증권회사나 은행에 가서 소정의 청약서에 기재하고 청약증거금을 납입하면 된다. 청약증거금을 납입하게 되면 청약증거금 영수증을 교부받게 된다. 그리고 청약기일이 지난 며칠 후 청약비율이 결정되면 그 비율에 따라서 배정 주식 수가 결정된다.

과점주주(寡占株主 ; controlling shareholders)

보통 발행주식의 과반수 이상을 소유하고 기업 경영을 지배하고 있는 주주를 말한다.

근로자증권저축(勤勞者證券貯蓄)

봉급생활자의 재산형성을 돕고 증권시장의 안정적인 성장을 도모하기 위한 방편으로 1980년부터 실시된 새로운 저축제도의 하나이다. 이 저축의 특징은 일반 저축과는 달리 가입자가 세액공제와 더불어 각종 면세혜택을 받을 수 있다. 가입대상자는 월 급여액이 60만원 이하인 근로소득자이며, 급여액의 30％까지 저축할 수 있으며 연간 120만원 범위 내에서는 자유롭게 저축할 수 있다. 가입한 후 중도해약이 없는 한 저축액의 10％를 종합소득세에서 공제해주고 있다. 뿐만 아니라 가입자에게는 공모주식에 청약할 경우 20％범위 내에서 우선배정을 받을 권리가 주어지고 있다.

글래머주(glamor stock)

미국에서 생겨난 증권용어의 하나이다. 글래머 걸이라고 하면 육체파 미인을 뜻하듯이, 글래머주는 매혹적인 주식이라는 뜻을 가지고 있다. 그러나 이는 단순한 대형주를 가리키지는 않는다. 오히려 자본금이 적고 기업의 규모가 크지 않더라도 성장성이 좋은 주식을 지칭하는 말이다.

기업공개(企業公開)

가족 중심의 회사 또는 비교적 한정되어 있는 소수의 주주에 의해서 구성되고 있는 회사가 그 주식을 처음으로 일반 투자자에게 공개하여 분산, 소유하는 것을 기업공개라 한다. 이처럼 주식이 공개된 회사를 공개법인이라고 한다. 기업의 공개는 주로 증권회사를 통해서 이루어진다. 이와는 반대로 주식이 어느 소수의 주주에게만 소유되어 일반투자자에게는 공개·유통되지 않는 회사는 비공개법인 또는 비공개업이라고 한다.

납회(納會 ; closing meet, last meeting)

증권거래소에서 매일 또는 매월 마지막으로 입회하는 것을 납회라 한다. 여기에서 말하는 입회(立會)는 증권거래소에서 주식매매가 이루어지고 있는 기간을 말한다. 특히 그 해의 마지막 입회를 대납회(納會)라고 한다.

내부자거래(內部者去來 ; insider's trading)

상장기업의 주요 주주나 임직원 등이 자기가 소속하고 있는 회사의 주식을 매매하는 것을 내부자거래라고 한다. 내부자거래의 특징은, 다른 투자자들보다 회사 내부의 모든 정보를 보다 확실하고 빠르게 알 수 있는 잇점이 있기 때문에 불공정한 거래를 발생시킬 우려가 있다는 점이다. 이러한 까닭에 우리나라에서는 증권거래법으로서 내부자거래를 금지하고 있다.

만약 내부자거래로 판명이 났을 경우에는 그 주식매매로 인하여 얻은 차액은 해당 상장기업에 되돌려 주도록 하고 1천만원 이하의 벌금 또는 2년 이하의 징역에 처하도록 하고 있다.

노우하우(know-how)

어떠한 특정인이나 또는 특정 기업만이 갖고있는 특별한 비밀기술을 만한다. 구체적으로 말한다면, 노우하우라고 할 수 있는 기술은, 첫째, 사회적으로 보아 경제성이 있어야 하고, 둘째, 오랜

기간동안의 지식이나 경험의 집적에 의해서 습득된 기술적 방법
이나 또는 제도 및 그것을 실시하는데 필요한 기술지식이어야 한
다. 세째, 지금까지 공개되지 않고 있는 비밀스러운 것이어야 한
다. 이처럼 특별한 비밀 기술은 외부에 알려지기 쉬우므로 노우
하우가 있는 기업은 일단 특허권을 설정한 후에 공개함으로써 법
적인 보장을 받게 되며, 또한 그 특별한 기술에 대한 독점권도
공개적으로 얻을 수가 있다.

뇌동 매매(雷動賣買)

주식투자를 하고 있는 대중 투자자들이 스스로의 확신에 의하
여 시세를 예측하고 투자한 것이 아니라 다른 투자자들의 움직임
에 편승하거나 시장 전반의 인기에 쏠려서 무조건적으로 매매하
는 것을 뇌동매매라 한다. 뇌동매매는 다시 뇌동매입과 분리되어
불린다. 뇌동매매가 될 경우에는 주가를 급등시키거나 또는 급락
시킴으로써 자칫하면 주식시장을 혼란시킬 위험이 있다.

다우 이론(Dow theory)

다우 존스사(社)의 창립자인 다우(C.H.Dow)와 그의 추종자
인 넬손(Nelson S.A.)하밀톤(Hamilton W.P.)등에 의하여 창출
된 이론이다. 그 주요 내용은, 다우공업주 30종 평균 주가와 철도
주 20종 평균 주가와의 상호 움직임으로부터 주가 흐름의 대세
(大勢)및 중세(中勢)의 진행 방향을 예측할 수 있다고 하는 이
론이다.

단기투자자(短期投資者)

단기간에 투자하여 그 차익을 얻을 목적으로 주식 매매를 하는

사람을 말한다. 이들의 특징은 매매량이 그다지 많지는 않지만 그 매매 빈도수가 상당히 잦은 편이다.

단순주가평균(單純株價平均 ; simple arithmetical stock price average)

증권거래소 등에서 채용된 매일 종가를 단순히 산술평균한 지표를 단순주가평균이라 한다. 이 지표는 주가의 일반적인 수준을 관찰하는 데 활용할 수 있으며, 평균배당율과 대비하여 주식의 수익율 수준을 계산할 수가 있다.

단주(端株 ; odd-lot)

증권거래소에서 일반적으로 행하고 있는 거래단위 미만의 주식을 가리킨다. 보다 신속하고 정확한 거래를 위하여 증권거래소에서는 업무규정으로 매매단위를 규정하고 있다. 그래서 단주는 증권거래소의 시장에서 매매되지 못하므로 주로 증권회사의 점두에서 거래되는 것이 일반적이다. 우리나라에서 현재 적용되고 있는 증권거래소 시장의 매매 단위는 10주로 되어 있다.

달러 드라이브(dollar drive)

달러 드라이브란, 적극적인 달러 획득정책을 말한다. 제2차 세계대전 후 각국은 달러 부족을 메우기 위하여 달러수지의 호전 또는 그 수입 증가를 위한 정책을 다각적으로 실시하였는데, 이것이 바로 달러 드라이브 정책이다. 달러 드라이브 정책의 적극적인 추진으로서는 수출 촉진을 위한 수출 보조금과 원재료 수출 링크제, 수출보험, 수출지원세제, 수출금융의 금리 인하등의 정책을 들 수 있다. 이에 비하여 달러 드라이브정책의 소극적인 추진

으로서는 달러 절약을 위한 수입 억제, 시장 전환 등의 방법을
들 수 있다.

담보부사채(擔保附社債 ; mortgage bond)

채권을 발행하는 회사의 자산인 부동산이나 건물, 주식 등을
담보로 하여 발행된 채권을 담보부사채라 한다. 이 경우는 사채
권자에게 개별적으로 담보물을 제공하는 것은 어려운 일이므로
보통 신탁회사 등이 일괄하여 담보물의 명의인이 되어 원리금의
지급을 보증하게 된다.

담보평가(擔保評價 ; assessment rate of collateral)

신용거래를 함에 있어서 위탁보증금으로 현금 대신에 유가증
권을 받는 경우가 인정되고 있는데, 이때 대용 유가증권이 시가
에 대하여 몇 %를 적용할 수 있는지를 평가하여 그 평가율을 매
기는 것을 담보평가라 한다. 보통 대용증권은 담보로서의 안전성
을 유지하기 위하여 시가보다 낮게 평가한다.

당좌비율(當座比率)

당좌비율이란 당좌자산을 유동부채로 나눈 백분비율을 말한다.
여기서 당좌자산이란 현금이나 예금, 받을 어음, 유가증권, 외상
매출금 등 언제라도 현금화할 수 있는 자산을 말한다. 당좌비율
은 유동비율에 비교해서 회사의 지불능력을 보다 엄격하게 파악
하기 위해서 설정한 지표라고 할 수 있다. 그러므로 당좌비율은
일반적으로 100 % 이상, 다시 말하면 당좌자산이 유동부채와 동
액 이상일 때가 가장 이상적이라 할 수 있다.

대주주(大株主 ; big shareholder, large stockholder)

한 기업의 주식 중 많은 비율의 주식을 소유하고 있는 주주를 대주주라 한다. 회사의 규모나 주식의 분포 상태에 따라서 다르기 때문에 얼마만큼의 주식을 소유한 사람을 대주주라고 할 수 있는가에 대해서 특별한 기준은 없다. 우리나라의 경우에는 대주주가 기업의 경영에 참여하는 것이 보통이지만, 외국에서는 제아무리 대주주라 하더라도 기업의 경영에는 거의 참여하지 않는다.

대차대조표(貸借對照表 ; balance sheet)

기업 결산기일의 재정상태를 나타내는 재무제표 중의 하나이다. 이는 곧 자산과 부채를 대조해서 표로 나타낸 것이다. 대차대조표는 1)자산, 2)부채, 3)자본 계정으로 나누어지며, 자산= 부채＋자본이 된다. 여기서 부채는 타인자본을 말하며, 넓은 의미의 자본(사용총자본)에는 자기 자본은 물론 타인자본도 포함된다. 회사의 경영분석에 있어서 대차대조표는 손익계산서와 함께 가장 중요한 자료가 된다.

대형주(大型株 ; large-capital stock)

자본금이 큰 회사의 주식을 대형주라 한다. 우리나라에서는 보통 자본금이 150억원 이상인 기업의 주식을 대형주로 본다. 중형주는 50억원 이상 150억원 미만이며, 소형주는 50억원 미만으로 분류된다.

등락비율(騰落比率)

어느 일정 기간동안 매일매일의 주가 상승 종목수를 하락 종목수로 나눈 백분율을 말한다.

디노미네이션 관련주

디노미네이션(denomination)이란 화폐가치와는 무관하게 화폐의 호칭만을 바꾸는 것을 말한다. 이 경우 화폐가치는 변동이 없으며 다만 통화 단위만이 바뀌게 된다. 가령 100환을 1원으로 바꾸는 것이 바로 디노미네이션이다. 이러한 디노미네이션이 있게 되면 모든 주식이나 장부, 전표 등을 다시 고쳐서 인쇄할 필요가 있기 때문에 종이나 인쇄, 잉크 등의 수요가 증가하게 된다. 따라서 여기에 관련된 기업은 활황이 되고 그 때문에 이들의 주가가 상승하게 된다. 이러한 업종과 관련된 회사의 주식을 디노미네이션 관련주라고 부른다.

딜러(dealer)

증권회사 등이 자신의 계산으로 유가증권 매매를 행하는 업무를 말하는데, 보통 자기 매매 업자를 가리킨다. 딜러에 비하여 손님의 주문을 받아서 매매하는 것이 브로커업무이다.

랜덤 워크 이론(random-walk hypothesis)

현재의 주가의 변화는 과거의 주가의 변화와는 무관하게 독립적으로 움직인다는 이론이다. 다시말하면, 오늘의 주가는 오늘의 모든 변동 요인을 반영하여 이루어진 것이고 내일의 주가는 또한 내일의 모든 변동 요인을 반영하여 이루어지게 되므로 결국 오늘의 주가와 내일의 주가는 서로간에 아무런 관련이 없이 독립적으로 형성되어 움직인다는 것이다. 따라서 이 랜덤 워크 이론에 의한다면 주가는 전혀 예측할 수 없다는 이론이 성립되며, 주가의 동향은 과거의 유형을 반복하는 경향이 있기 때문에 이를 예의주시하고 기술적으로 분석하여 미래의 주가변동을 예측할 수 있다

는 이론과는 상반된 주장이라 할 수 있다

매매가격(賣買價格 ; actual price)

증권거래소 안에서 실제로 매매가 성립되는 주식의 가격을 말한다. 매매가격에 대하여 매매가 성립되지 않고 매입호가만 있을 경우에는 이를 기세(氣勢)라고 한다.

매매거래정지(賣買去來停止 ; suspension of trading)

증권거래소가 거래원의 등록을 취소시켜 증권거래소의 거래활동을 중지시키는 것을 매매거래정지라 한다. 증권거래소는 거래원이 법령이나 행정명령 또는 거래소의 정관·업무규정 등을 위반하여 증권거래소의 운영이나 또는 투자가의 보호에 중대한 영향을 미쳤을 때에는 재무부장관의 승인을 얻어 등록을 취소할 수 있도록 되어있다.

머니 게임(money game)

투자는 다만 돈을 벌기 위한 작업이 아니라 일종의 게임이라고 생각하는 견해이다. 주식투자의 궁극적인 목표는 매매차익의 최대를 추구하는 것이므로 흔히 게임이라고 말해진다. 투자에 대해 게임이라는 용어를 맨처음 사용한 사람은 경제학자 케인즈였다. 그러나 머니 게임이라는 말을 보다 널리 알린 사람은 미국의 유명한 저널리스트인 아담 스미스였다. 그는 1967년 월가(街)의 내용을 상세하게 기록하여「머니 게임」이라는 책으로 출판하였는데, 그 책은 일약 베스트 셀러가 되었다. 그때부터 머니 게임이라는 말이 유행어처럼 번지게 되었던 것이다.

명의개서(名義改書 ; transfer)

주식투자에 있어서, 기명주식의 소유자 명의를 다른 이름으로 바꾸는 것을 명의개서라 한다. 다시 말하면, 주식을 산 경우에 주권의 배서란에 새로 산 사람의 이름을 기록하는 것을 말한다. 주식을 가지고 있는 사람은 명의개서를 하여야만 회사의 주주명부에 등재되며, 그때부터 주주권을 행사할 수 있게 되는 것이다. 그러나 주식을 제아무리 많이 매입했다 하더라도 그 주식의 발행회사에 명의개서의 절차를 밟지 않으면 그 회사의 주주로 인정을 받지 못한다.

모집(募集)

모집이란 불특정다수의 공중(公衆)에게 동일한 조건으로 유가증권의 취득 청약을 권유하는 것을 말한다. 증권거래법상으로 볼 때 모집은 새로 발행되는 유가증권의 매입을 권유하는 것이고, 이에 대하여 매출은 이미 발행된 유가증권의 매매 신청을 권유하는 것이다. 그러므로 모집은 증권발생시장에서 이루어지는 사무적인 행위로 볼 수 있는 반면에 매출은 증권의 매매 방법의 한 종류로 보는 것이 타당하다 하겠다.

무기명사채(無記名社債)

무기명사채란 사채권자(社債權者)의 이름을 사채권면 및 발행회사의 사채원부에 기재하지 않은 사채를 말한다. 무기명사채는 양도 및 입질(入質)의 경우 상대방에게 인도하는 절차만으로서 그 효력이 성립된다. 그러므로 유통의 측면에서 본다면 기명사채보다 훨씬 편리하다고 할 수 있다.

무기명주(無記名株 ; bearer shares)

무기명주는 글자 그대로 주주의 성명이 주권 및 회사의 주주명부에 기재되지 않은 주식을 말한다. 무기명주의 양도는 주권을 상대방에게 인도하는 것으로써 성립된다. 무기명주를 취득한 사람이 발행 회사에 대하여 주주의 권리를 행사하기 위해서는 주권을 회사에 공탁해야 하는 불편이 따른다. 그러나 회사로서는 무기명주를 발행하게 되면, 주식의 명의개서 업무가 필요없고 주주에게 통지해야 하는 업무를 공고하는 것만으로 끝나기 때문에 여러모로 경비가 절약되는 이점이 있다.

무담보사채(無擔保社債)

담보부사채 이외의 모든 사채를 말한다. 즉, 사채에 대한 원금과 이자를 지급하는 것을 발행회사의 신용으로 의존하는 것을 원칙으로 하는 사채를 무담보사채라고 한다. 담보부사채에 비하여 무담보사채의 경우는 오히려 회사의 재무구조가 튼튼해야하는 등의 까다로운 조건이 따른다. 사채권자를 보호해야하는 법적인 제도 때문이라고 할 수 있다. 또한 무담보사채는 담보부사채보다도 이자율이 높은 등 투자자에게 유리하게 되어있는 것이 일반적이다.

무배주(無配株)

주식투자자에게 배당을 하지 못한 상장회사의 주식을 무배주라 한다. 이에 대하여 배당을 지불하는 주식을 유배주(有配株)라 한다. 무배주는 주로 회사에서 이익이 적거나 적자로 인하여 결산기가 되어도 배당을 하지 못하는 주식을 말하는데, 지난해에 이어서 올해에도 계속 무배당인 경우에는 이를 무배계속이라 한

다. 또한 지난해에는 유배당이었는데 올해에는 무배당이 된 경우
에는 이를 무배전락(無配轉落)이라 한다.

무상주교부(無償株交付 ; delivery without compensation)

주식을 발행한 회사에서 이미 발행된 주식의 소유비율에 따라
서 주주에게 무상으로 신주를 할당하여 주는 것을 무상주교부라
한다. 또한 무상주를 발행하여 자본금을 늘리는 것을 무상증자라
고 한다. 무상주교부는 보통 회사내에 유보되어 있는 잉여금이나
자산재평가적립금 등을 자본에 전입함으로써 이루어지는 것이
일반적이다.

무의결권주식(無議決權株式 ; non-voting stock)

주식은 일반적으로 1주에 대하여 1개의 의결권이 있는데 주식
을 소유하고 있는 주주는 주주 총회에서 의결권을 행사함으로서
회사의 경영에 참가하는 것이다. 이에 대하여 의결권이 없는 주
식을 무의결권주라 한다. 주식투자에 있어서 실제의 이익 분배나
주가의 상승을 목적으로 주식투자를 하는 사람의 입장에서 본다
면 의결권은 사실 별 의미가 없는 것이다. 오히려 무의결권주는
이익배당이나 잔여재산의 분배 등에 있어서 의결권을 가진 주식
보다도 우선적으로 이익배당이 행하여지는 경우가 많다. 이런 경
우의 주식을 우선주라 한다.

바닥(bottom)

주식투자에 있어서 시세의 흐름을 나타내는 하나의 용어이다.
즉, 주식가격이 크게 내려서 앞으로 더 이상 내려갈 수 없으리라
는 정도로 낮은 수준에 머물러 있는 상태를 바닥세라고 한다. 천

정(天井)과는 반대되는 개념이다.

반등(反騰)

내렸던 주가가 갑자기 큰폭으로 올라가는 것을 말한다. 반발(反撥)과 같은 의미이지만 반발 보다 가격 상승의 폭이 훨씬 클 때 사용한다.

반락(反落)

반발과는 정반대의 개념이다. 오르던 주가가 갑자기 큰 폭으로 하락하는 현상을 말한다. 이에 대하여 주가가 급격하게 큰 폭으로 하락하는 현상은 반등과 정반대의 개념으로서 급락(急落)이라 한다.

발기설립(發起設立)

회사의 설립을 기획한 발기인이 창립시에 발행되는 주식의 전부를 인수함으로써 회사를 창립(또는 설립)하는 경우, 이를 발기설립이라 한다.

발기인주(發起人株 ; founder's share)

회사를 설립할 때 발기인, 경영자, 연고자 등이 가지는 주식을 말한다. 발기인주는 보통 배당율이 일반주보다 낮은 후배주인 경우가 많다.

발행시장(發行市場 ; issue market)

증권시장은 크게 나누어 유가증권을 발행, 인수, 모집하는 단계와 이미 발행된 증권을 매매하는 단계로 분류할 수가 있다. 이

때 전자를 발행시장이라 하며, 후자를 유통시장이라 한다.

발행자수익율(發行者收益率 ; issuer's cost)

채권을 발행하는 경우에 발행 회사는 상환될 때까지의 이자와 상환 차익을 투자자에게 지불할 뿐만 아니라 인수회사나 수탁업무를 맡은 은행 등에 수수료 등도 지불해야 한다. 회사에서 채권을 발행하는데 드는 경비의 총계(발행 코스트)가 발행 회사의 수취금액의 몇 퍼센트를 나타내는가 하는 것이 발행자수익률이다.

배당(配當 ; dividend)

주식을 소유하고 있는 주주에 대한 기업 이익의 분배가 바로 배당이다. 배당에는 현금으로 배당하여 지불하는 현금배당과 주식으로 배당하는 주식배당이 있다. 일반적으로 배당이라고 하면 현금배당을 가리킨다.

배당수익률(配當收益率 ; price-dividend yield)

주식 1주당 액면금액에 대하여 지급되는 배당금의 비율을 배당률이라 한다. 보통 당기순이익이 높으면 배당률이 높아지며 당기순이익이 적으면 배당률도 낮아지는 것이 일반적이다. 배당률은 이처럼 그 회사의 수익성에 의하여 좌우되기는 하지만, 배당의 많고 적음은 대외적으로 그 회사의 사업에 대한 신용도의 기초가 되는 것이다.

배당률(配當率 ; dividend rate)

주식 1주당 액면금액에 대하여 지급되는 배당금의 비율을 배당률이라 한다. 보통 당기순이익이 높으면 배당률이 높아지며 당기순이익이 적으면 배당률도 낮아지는 것이 일반적이다. 외적으로 그 회사의 사업에 대한 신용도의 기초가 되는 것이다.

배당정책(配當政策 ; dividend policy)

기업의 이익을 주주에게 얼마만큼 분배할 것인가 하는 문제를 결정하는 경영정책을 배당정책이라 한다. 결산기가 가까와오면 이사회에서는 배당정책을 마련하여 주주총회의 의결을 거치게 된다. 이때, 당기순이익 중에서 얼마를 회사 내에 유보하고 얼마 정도를 주주에게 배당하느냐 하는 배당정책은 주주들의 이익에 커다란 영향을 주게 되고 주가의 변동에도 큰 영향을 미치게 된다.

법인주주(法人株主 ; institutional stockholder)

법인이 회사의 주주가 되어있는 경우를 법인주주라고 한다. 이는 개인주주와 상대되는 말로 주로 은행이나 투자신탁, 보험회사 등이 법인주주가 되고 있다.

변동환율제도(變動換率制度)

외환의 수급상태에 따라서 환율이 자유롭게 변동하는 것을 인정하는 제도를 말하는데, 이는 고정환율제도와 대응되는 의미를 가지고 있다. 변동환율제도는 다시 자유변동환율제도와 제한성 변동환율제도로 분류되는데, 자유변동환율제도는 환율의 변동을 무제한으로 인정하는 경우이며, 제한성 변동환율제도는 어느 정도의 범위 내에서 변동환율을 인정하는 제도이다. 자유변동 환율제도는 환율의 변동을 외환의 수급상황에 전적으로 맡기는 제도라도 할 수 있다.

병행증자(竝行增資)

유상과 무상의 증자를 병행하여 실시하는 것을 말한다. 이를 유. 무상병행증자라고도 한다. 그러나 포괄증자와는 구별된다. 포괄증자(包括增資)는 신주 1주 속에는 유사증자분과 무상증자분이 함께 포함되어 있기 때문에 어느 한쪽만을 인수할 수는 없다. 하지만 병행증자는, 유상증자분에 대해서만 1주당 인수가액을 납입시키면 되며,무상증자분은 이와는 관계없이 무상신주를 교부한다.

보증사채(保證社債 ; guaranted bond)

사채를 발행한 회사가 아닌 제3자가 원리금의 지급을 보증하는 사채를 말한다. 이 경우에는 대개 국가나 은행, 관련회사 등이 보증인이 되고 있다.

보증주(保證株 ; guaranteed stock)

회사가 발행하는 보통주나 우선주의 이익배당 지급을 제3자가 보증하는 주식을 말한다. 따라서 보증주에 대한 보증배당이 지급되지 않을 때에는 주식의 소유자인 주주는 보증회사에 대해서 지급청구권을 행사할 수가 있다.

보통주(普通株)

우선주나 후배주와 같이 어떠한 특별한 권리내용을 갖지않는 주식을 말한다. 일반 회사가 발행하고 있는 주식은 거의 보통주이다. 보통주는 이익배당이나 잔여재산의 분배 등을 받는 순위에 있어서 우선주의 다음 차례에 해당되는 주식이다.

보합(保合)
별로 특별한 변화없이 시세가 계속 유지되는 상태를 말한다.

보호예수(保護預受)
증권회사가 고객이 산 유가증권을 고객의 명의로 보관하는 업무를 보호예수라 한다. 보호예수제도는 투자자가 유가증권을 도난이나 화재, 분실 등으로부터 보호하기 위하여 증권회사에 안전하게 맡겨놓도록 하기 위하여 마련된 제도이다. 우리나라에서는 보통 은행이나 보험회사 등에서 이 제도를 시행하고 있다.

부동주(浮動株 ; floating stock, floating supply of stock)
시장에서 유통되고 있는 주식의 대부분을 말한다. 부동주와는 다른 의미로 안정주라는 것이 있는데, 이는 안정되어 있는 투자층이 장기간 보유하고 있는 성격의 주식을 말한다. 부동주가 많은 종목은 비교적 주가변동이 적은 반면, 부동주가 적은 매매량과는 관계없이 주가가 큰 폭으로 움직이는 경향이 있다.

부채비율(負債比率 ; debts ratio, ratio of total liabilities to net worth)
회사의 총자본을 구성하고 있는 자기 자본과 타인 자본의 비율을 말한다. 즉, 부채 총액을 자기자본으로 나눈 백분율이 부채비율이다.

분리과세(分離課稅 ; separated taxation)
분리과세는 원천분리과세라고도 한다. 현재 우리나라에서는 소득세를 징수함에 있어서 모든 소득을 합산해서 과세하는 종합과세가 원칙이다. 하지만 은행 예금의 이자소득이나 소액주주의 배당금 등은 원천분리과세를 하고 있다.

분산투자(分散投資 ; diversified investment)

증권투자에 따른 위험부담을 분산시킬 목적으로 한 종목에 치우치지 않고 여러 종목에 분산해서 투자하는 것을 분산투자라고 한다. 이는 집중투자에 대하여 반대되는 개념으로서, 주로 소심한 성격형의 투자자가 즐겨 택하는 주식투자법이다.

브로커(broker)

고객으로부터 주문을 받아 유가증권의 위탁매매를 전문으로 하는 증권업자를 말한다. 자기 계산에 의한 유가증권의 매매이익을 목적으로 하는 딜러에 비하면 브로커는 위탁수수료 수입에 의존하므로 안정성이 비교적 높다고 할 수 있다.

비상장주(非上場株 ; unlisted stock, counter shares)

증권거래소에 상장되어 있는 주식을 상장주라고 하는 반면 증권거래소에 상장되어 있지 않은 주식을 비상장주라고 한다. 비상장주에는 점두주와 비공개주가 있다. 점두주(店頭株)는 점두시장에서 매매되고 있는 주식을 말하며, 비공개주는 아직 점두에서조차도 매매되지 않고 있는 주식을 말한다.

사고증권(社故證券)

도난이나 분실, 멸실 등의 사고가 생긴 주식을 말한다. 사고증권의 유형은 상당히 여러가지가 있는데, 그 대표적인 예는 첫째, 위조증권의 발생을 들 수 있고, 둘째, 도난이나 분실, 멸실 등으

로 인한 피해를 들 수가 있다. 이러한 사고의 예방을 위해서는
보호예수제도를 이용하는 것도 바람직한 방법일 것 같다. 보통
증권사고에 대한 구제의 수속은 너무나 복잡하고 까다롭기 때문
에 가급적이면 그 보관에 신중을 기하는 것이 최선의 방법이라
생각한다.

사내유보(社內留保 ; retained earnings)

기업에서 설비를 확장하거나 배당을 안정적으로 지급하기 위
한 목적으로 당기순이익 중의 일부를 회사내에 유보시켜 두는 것
을 사내유보라 한다. 사내유보금액은 가령 손익계산서의 이익처
분 항목 중 각종 적립금과 차기이월이익 잉여금 등으로 보존된다.

사내주(社內株 ; treasury stock)

기업이 일단 외부에 발행한 주식 가운데서 일부를 재매입하거
나 증여 등의 방법에 의해서 재취득하여 아직 소각하거나 처분하
지 않고 소유하고 있는 주식을 말한다. 이 경우에는 대개회사의
금고에 보관하고 있다고 하여 금고주라고 하기도 하고, 재매각을
통하여 자금조달을 할 수 있는 주식이라고 하여 재원주(財源株)
라고 하기도 한다.

사업보고서(事業報告書)

상장회사에서 결산기가 되어 주주나 이해관계자를 위하여 당
해 연도의 영업실적과 자본, 출자, 임원의 임기에 대한 사항, 당
해 유가증권의 변동사항 등을 기록하여 문서로 작성하는 보고를
말한다. 이 사업보고서는 영업년도 종료 후 2개월 이내에 증권거
래소에 제출하도록 되어 있다.

사업설명서(事業說明書)

회사에서 유가증권을 모집하거나 매출할 때, 투자자에 대하여 발행회사가 그 사업내용을 제공하기 위하여 작성한 설명서를 말한다.

사외주(社外株 ; outstanding stock)

외부의 주주에 의하여 소유되고 있는 주식을 사외주라 한다. 사내주와 반대 개념으로 통한다.

삼중바닥형

일종의 주가의 상승전환 패턴이다. 삼중천정형(三重天井型)과 위·아래의 모양이 반대로 나타난다. 삼중바닥형을 곡선으로 나타낼 경우, 바닥을 향한 곡선의 전환점이 3개가 이어지는 형상이 된다.

삼중천정형(三重天井型)

삼중바닥형과 반대의 모양으로 나타나는 주가변동의 전환을 말하는 패턴이다. 위를 향한 봉우리의 그래프가 삼중바닥형과는 반대의 형상으로 3개가 이어져서 나타난다. 이 삼중바닥형의 마지막 봉우리에서는 특히 주가가 하락할 가능성이 크므로 주의해야 한다.

상장(上場 ; listing)

증권거래소의 시장에서 매매의 대상이 될 수 있도록 증권거래소에 증권을 등록하는 것을 상장이라 한다. 증권거래소에 증권이 상장되려면 먼저 기업공개가 이루어져야 한다. 일단 증권거래소

에 주식이 상장되면 증권거래소의 발달된 시스템과 매매거래 시
설을 이용할 수가 있으므로 기업은 그만큼 자금유통이 편리해진
다. 뿐만 아니라 주식이 상장되면 기업에 대한 신뢰성이 높아지
므로 투자자가 늘어나게 되고 자금회수 능력이 생겨나게 되므로
기업이 대형화되는 이점이 생긴다.

상장심사기준(上場審査基準 ; listing examination standard)

기업공개 후, 주식을 상장할 때의 심사기준을 말한다. 이때의
심사기준은, 당해 유가증권의 상장이 공정한 가격형성을 할 수
있는가, 적정한 유통과 사회 경제적인 공익과 투자자의 권익을
보호할 수 있는가 하는 점 등을 고려하여 설정된다. 그러므로 상
장심사기준은 증권을 발행하는 회사의 안정성과 시장성, 성장성
및 수익성 등을 분석하고 검토하여 상장의 적부를 판단한다. 기
업이 발행한 유가증권을 증권시장에 상장하기 위해서는 유가증
권 상장규정에 의거하여 소정의 상장 신청서 및 첨부서류를 제출
하여 심사를 받아야 한다.

상장주(上場株 ; listed stock)

증권거래소에서 매매되고 있는 주식을 말한다. 상장주가 되기
위해서는 상장심사기준에 의거하여 상장심사를 받아야 한다.

상장폐지(上場廢止 ; delisting)

증권거래소에서 매매할 수 있는 가격을 박탈하는 것을 말한다.
이미 상장된 유가증권을 상장폐지할 때는 다음의 두 가지 요건에
의한다. 즉, 상장법인의 신청에 의하여 폐지하는 경우와 상장폐지
기준에 해당되었을 때이다.

상장회사(上場會社 ; listed company)

기업공개를 통하여 주식을 상장한 회사를 상장회사라 한다. 일단 상장회사가 되면 정기적으로 증권에 관한 사항을 작성하여 증권거래소에 보고하여야 한다. 또한 일반투자자에게 상장된 증권의 관리를 할 수 있도록 기업공시(企業公示)를 하여야 한다.

상한가(上限價)

각종 증권의 시세가 하루 동안에 오를 수 있는 상한선을 말한다. 이와는 반대되는 개념으로 하한가(下限價)가 있다. 하한가는 하루 동안에 증권의 시세가 하락할 수 있는 하한선을 말한다. 상한가와 하한가를 설정해 놓은 것은 격심한 가격 변동을 억제함으로써 일시적인 주가의 급등이나 급락을 방지하여 투자자를 보호하자는 의도이다.

상환(償還)

채권이나 단위형 투자신탁 등의 상환증권이 그 기한이 완료되어 투자자에게 원금을 돌려주는 것을 상환이라 한다.

상환기금(償還基金 ; sinking fund)

기업이 발행한 증권을 일정한 조건하에서 투자자에게 상환해야 되는 경우, 이를 위하여 결산이익 중 일정한 금액을 매월 또는 매년 적립해나가는 기금을 상환기금이라 한다.

선도주(先導株 ; market leader)

증권거래소에서 주식시장 전반에 걸쳐 장세(場勢)를 리드하는 주식을 말한다. 같은 업종 중에서 다른 주식의 값을 리드하는 종목도 선도주라고 한다. 선도주의 그룹에 우량주가 많이 포함되어

있으면 이를 선도주의 질이 양호하다고 하며, 반대로 선도주의
그룹에 불량주가 많으면 선도주의 질이 악화되어 간다고 말한다.
선도주의 질이 악화되어 가는지 아니면 양호해져 가는지를 파악
하기 위해서는 선도주 점유율을 체크해보면 알 수가 있다. 또한
선도주 점유율에 따라 앞으로의 주가의 흐름을 예측할 수가 있는
것이다.

설비투자관련주(設備投資關聯株)

설비투자와 관계가 깊은 회사의 주식을 말한다. 말하자면 공작
기계나 공업계기, 중전기 등의 산업과 관련이 있는 기업의 주식
이 바로 설비투자 관련주이다. 이와같이 설비투자 관련기업은 대
개 수주생산(受注生産)이기 때문에 수주산업(水注産業)이라고도
한다.

성장주(成長株 ; growth stock)

회사수익의 증가율이 계속하여 올라갈 것으로 전망되는 기업
의 주식을 말한다. 따라서 이러한 기업은 앞으로 증자나 증배(增
配)가 기대되기 때문에 현재의 배당이나 이익실적에 비교해서
생각할 때 훨씬 높은 주가를 형성하는 것이 보통이다.

소비관련주(消費關聯株)

소비용품이나 서비스산업에 속하는 기업의 주식을 말한다. 주
로 식품이나 백화점, 기타 서비스업 등이 그 대표적인 예이다. 소
비관련주의 특징은 정부에서 긴축재정 정책을 실시한다고 하더
라도 소비수요가 갑자기 떨어지는 일이 없기 때문에 비교적 안정
주식이라고도 한다.

소액주주(少額株主 ; minority shareholders)

소액주주라 함은 글자 그대로 적은 양의 주식을 소유하고 있는 주주를 말한다. 해당 법인의 발행주식 총액이나 출자총액의 1퍼센트 미만에 해당하는 금액 또는 액면가를 기준으로 하여 1억원 미만의 금액의 주식수를 보유하고 있는 주주를 소액주주라 한다.

소형주(小型株 ; small-capital stock)

자본금이 비교적 적은 기업의 주식을 소형주라 한다. 이는 대형주의 반대되는 개념이다. 그렇다고 꼭 소형주를 규정하는 어떠한 규정은 없다. 우리나라의 경우에는 자본금 50억원 미만의 주식은 모두 소형주에 포함된다. 소형주의 특징은 대형주에 비하여 적은 유통자금으로 비교적 주가를 크게 움직일 수 있다는 점이다.

손익계산서(損益計算書 ; profit and loss statement, income statement)

기업에 있어서 일정 기간동안의 수익과 비용을 대비하여 경영업적과 영업실적 등의 성과를 명확하게 나타내는 보고서를 손익계산서라 한다. 결산기말 현재의 기업 재정상태를 나타낸 것이 대차대조표라 한다면 손익계산서는 일정기간 동안의 기업의 동적인 경영업적과 그 성과를 나타낸 것이라 할 수 있다. 따라서 오늘날의 추세는 기업의 단순한 재정상태보다는 오히려 동적인 수익상태를 더 중요시하고 있는 듯하다. 대부분의 기업회계는 손익계산을 중심으로 하여 이루어지고 있으며, 손익계산서는 이제 가장 중요한 재무제표의 하나가 되고 있다.

수권자본(授權資本 ; authorized capital)

기업이 발행할 수 있는 주식의 총 수를 말한다. 따라서 기업에서는 이사회의 결의만으로 수권자본의 범위내에서는 신주를 언제든지 발행할 수 있다. 우리나라 상법에 의하면, 기업의 수권자본금의 범위는 이미 발행한 주식수의 4배를 초과할 수 없도록 되어 있다. 그러나 이미 발행한 주식수가 수권자본금의 범위에 가까와지면 주주총회를 열어 수권자본을 변경하여 다음의 증자를 계속할 수가 있다.

수급관계(需給關係 ; relation of supply ane demand)

주식의 매도와 매입의 균형관계를 수급관계라 한다. 팔 주식은 많은데도 사는 사람이 많지 않을 때는 수급관계가 나쁜 것이며, 살 사람은 많은데 팔 주식이 적을 때는 수급관계가 좋은 것이다.

수익성(收益姓 ; profitability)

기업이 경영활동을 하여 성과를 올린 결과를 말하는 것으로서 수익성은 투자분석 자료의 지표가 된다. 수익성의 분석은 일반적으로 영업이익과 영업외 이익으로 나눈다. 그리고 영업이익은 다시 내부이익과 외부이익으로 나눈다. 여기서 내부이익이라 함은 경영자를 포함한 종업원의 경영노력에 의한 것을 말한다. 내부이익의 분석은 기업의 지속적인 수익성을 예측하는데 도움이 된다. 또한 외부이익이라 함은 주변환경의 변화, 경기변동, 시황(市況)의 변화 등 기업 외부의 사정에 따라서 발생한 이익을 말한다. 따라서 내부이익에 비하여 외부이익은 불안정한 이익이다.

수익률(收益率 ; yield)

수익률이라 함은 연간 배당금이나 이자를 주식의 매입가격으로 나눈 비율을 말한다. 이것은 곧 투자한 자금이 배당이나 이자 등에 따라서 연간 얼마만큼의 이윤을 낳는가를 말해주는 것으로서 주식투자의 기본적인 기준이 된다. 주식의 경우, 수익률은 표면수익률과 투자수익률로 나눌 수가 있는데 표면수익률은 다만 연간 배당금을 주식값으로 나눈 것이며, 투자수익률은 증자 등을 감안하여 계산한 것이다.

수익증권(受益證券 ; beneficiary certificate)

일반 투자자가 신탁회사(투자신탁) 등과 신탁계약에 의하여 일정액의 금액을 신탁한 경우, 신탁한 원금과 거기에서 발생하는 수익을 받을 권리인 수익권을 명문화한 증권을 수익증권이라 한다. 수익증권은 주식과는 달리 경영참가권이 전혀 없다. 또한 일반 사채(社債)에 비하여 다른 점은 기업의 실적에 의해 배당을 받는 점이다.

수탁자(受託者 ; trustee)

투자자로부터 위임받아 투자신탁재산의 보관이나 관리를 행하는 자를 말한다. 투자신탁재산의 관리 및 처분은 위탁자(투자자)의 지시에 따름을 원칙으로 한다. 수탁자가 될 수 있는 자격은 신탁회사나 신탁업무를 주업무로 하고 있는 은행이다. 우리나라에서는 주로 서울신탁은행이 수탁회사가 되고 있다.

순투자(純投資 ; portfolio investment)

주식투자의 유형을 보면 기업의 경영참가를 목적으로 하는 경우와 배당이나 주식값의 등락에 따른 차익을 목적으로 하는 경우로 크게 나눌 수가 있다. 여기에서 경영참가를 목적으로 하는 투자는 궁극적으로 기업과의 관계 강화를 꾀하고 있는데 비하여 주식가격의 차익에 따른 이익을 기대하는 투자는 기업의 경영에는 무관심하다. 이 경우는 한 마디로 순수한 주식투자라고 할 수 있다. 이러한 유형의 투자를 순투자라고 한다.

시가발행(時價發行 ; issue at market price)

기업이 신주를 발행할 때 주식시장의 시가를 기준으로 하여 발행하는 제도를 말한다. 시가 발행에는 완전시가발행과 중간발행이 있다. 완전시가발행은 신주의 발행가격을 시가에 가까운 수준에서 정하는 방법이며, 중간발행은 시가의 중간 정도에서 신주의 발행가격을 정하는 방법이다.

시장분석(市場分析 ; market analysis)

주식시장의 주가변동 요인을 분석하는 것을 말한다. 다시 말하면 증권시장에서 형성되는 증권의 수요와 공급에 영향을 미치는 모든 요인을 분석하는 것을 말한다. 시장분석은 주로 시장 내부에서 이루어지는 시장의 자금동향과 투자자의 움직임, 그리고 시장 외적인 증권정책 등에 대한 종합적인 정보수집에 의하여 이루어진다.

신고가(新高價 ; new high)

주식의 값이 예전에 없었던 높은 가격을 나타낼 때 이를 신고가(新高價)라 한다. 신고가는 대략 다음의 세 종류로 나누어 설명할 수가 있다. 즉, 첫째, 증권거래소가 생긴 이래 최고가를 기록할 경우 이를 개소이래(開所以來)의 신고가라 하며, 둘째, 올해에 들어와서 최고가를 기록할 경우 이를 연초이래(年初以來)의 신고가라 한다 또한 세째, 작년 이후부터의 최고가를 작년래

(昨年來)의 신고가라 한다.

신고매매(申告賣買 ; selling and buying offer)

증권거래소에서 동일 거래원이 직전의 입회(立會)에서 결정한 가격으로 동일한 종목과 수량을 매매한 다음 증권거래소에 등록함으로써 비로소 성립되는 매매거래를 말한다. 상장된 주식은 거래소의 시장에서 매매하는 것이 원칙이며, 신고매매는 증권시장에서 누락된 매매분을 추가로 성립시키거나 증권 시세의 안정을 위하여 실시하는 예외적인 방법이다.

신디케이트(syndicate)

유가증권을 인수할 경우, 대개 인수업자는 위험부담을 분산시키고 아울러 판매력을 강화시키기 위하여 2개 회사 이상의 업자가 공동으로 모여 인수단을 구성한다. 이것을 신디케이트라고 한다.

신용거래(信用去來 ; margin transaction, margin trading)

증권회사는 고객으로부터 일정액의 위탁보증금인 증거금을 받고 주식의 매매대금을 빌려주거나 고객이 매도하는 주식을 빌려주는 업무를 행한다. 이러한 증권회사의 대고객 거래업무를 신용거래라 한다. 말하자면 증권회사가 고객을 상대로 신용을 공여함으로써 이루어지는 거래이기 때문에 이를 신용거래라고 하는 것이다. 고객으로부터 신용거래의 주문을 받은 증권회사는 고객의 신청에 따라 매도주식이나 주식매입대금을 빌려준다. 신용거래는 이와같이 증거금을 고객으로부터 받는 증권회사가 마진을 목표로 하고 있기 때문에 미국에서는 신용거래를 증거금거래라고도 하고, 또는 마진거래라고도 한다.

　일반적으로 신용거래는 증권거래소에서 다른 증권회사와 매매
되는 것이 보통이다. 그러므로 실물거래와 마찬가지로 3일째에
결제되는 것이 보통이며 결제와는 관계없이 증권회사와 고객과
의 거래는 계속된다. 증권회사로부터 돈을 빌려서 주식을 산 고
객은 증권회사와의 거래를 마감하기 위해서 빌린 돈을 갚거나 아
니면 주식을 되팔아 그 매출가와 매입가와의 차액을 결제하거나
한다. 또한 증권회사로부터 주식을 빌려서 팔았던 고객은 그 주
식을 조달하여 다시 증권회사에 갚거나 아니면 매출한 주식을 되
사서 그 매출가와 매입가와의 차액을 증권회사에 결제하면 된다.
고객으로부터 신용거래의 주문을 받은 증권회사는 다시 증권금
융회사로부터 주식과 자금을 빌려서 고객에게 대출해주는 중간
브로커의 역할을 하게 된다. 증권회사의 이러한 형식을 유통금융
이라고 한다. 유통금융에 대하여 증권회사가 자기 자금(자력)으
로 고객에게 증권의 매입자금을 빌려주는 것을 자기신용이라고
한다. 증권회사가 증권금융회사와 손을 잡고 거래를 형성하는 것
을 대차거래라고 한다. 신용거래는 그 의미를 확대하면 결국 대
차거래를 포함하고 있다고 해야 할 것이다.

　신용매입(信用買入 ; margin buying)
　주식을 매입할 때 신용거래를 이용하는 것을 말한다. 신용매입
을 증거금거래라고도 한다. 고객은 증권회사로부터 신용매입을
하여 그 대금을 직접 결제하고 현물을 인수하는 경우도 있지만
대개는 신용매입한 주식을 되팔아서 그 매입가와 매출가와의 차
액을 결제한다. 이와같이 차액을 결제하는 방법을 차금결제라고
한다.

신주(新株 ; new share, new stock)

기업이 증자와 합병 등의 이유로 주식을 새로 발행하는 경우가 있는데 이 주식을 신주라 한다. 이때 증자의 경우는 증자신주라고 하고 합병의 경우는 합병신주라고 한다. 신주에 대하여 이미 발행한 주식은 구주(舊株)라고 한다. 구주든 신주든 그 소유자의 권리내용에는 다른 바가 없다. 다만 기업 결산기의 도중에 발행하게 되는 신주의 경우에는 그 결산기의 배당은 발행한 날로부터 결산기가 끝나는 날까지 일할(日割)로 계산하도록 되어 있다. 신주라 하더라도 한 번의 결산기가 지나면 구주와 같아진다. 이러한 상태를 신·구주 합병이라고 한다. 그러므로 주식의 소유자에게는 신주나 구주나 그 권리면에서는 하등의 다를 바가 없는 것이다.

신주인수권(新株引受權 ; subscription right)

기업이 신주를 발행할 때 구주를 소유하고 있는 주주가 이미 소유하고 있는 주식수에 따라 신주를 배정받을 수 있는 권리를 신주인수권이라 한다. 이러한 인수권을 기존의 주주에게 주는 것을 주주할당이라 하고 연고자 등에게 할당하는 것을 제3자 할당이라 한다. 기업이 신주를 발행할 때 신주인수권을 누구에게 줄 것인가 하는 문제는 이사회에서 결정한다. 신주인수권을 주주에게 할당하는 것이 보통이지만 법률상으로 꼭 주주에게 주어야 한다는 규정은 없다. 이사회에서 결정하는대로 신주인수권을 제3자에게 줄 수도 있다. 하지만 신주인수는 구주식에 비해 발행가격 등 유리한 면이 많기 때문에 기존의 주주가 아닌 제3자에게만 신주를 할당할 경우 기존 주주의 기득권이 없어지게 되므로 대개는 주주에게 신주를 할당하는 것이 관습으로 되어있는 것이다. 액면

발행 증자에는 주주에게 할당하는 경우가 보통이지만, 액면발행
이 아닌 경우에는 제3자에게 할당하는 수도 있다.

실권주(失權株 ; forfeited shares, released shares)

기업이 유상증자를 실시할 때 기존의 주주가 자기에게 배정된
신주인수권을 포기하고 주식대금을 납입하지 않는 경우에 그 주
식은 그 주주에 대하여 실권주가 된다. 신주를 발행하는 기업의
업적이 나쁘거나 무리한 증자 등으로 인하여 신주대금 납입액보
다 시가가 낮거나 할 경우에는 실권주가 늘어난다.

실물거래(實物去來 ; cash transaction)

증권거래소에서 주식을 사고 팔 때, 매매계약이 성립된 그 날
이나 또는 그 다음날 현금과 증권을 주고받는 거래형태를 실물거
래라 한다.

실수요(實需要)

증권거래소에서 증권을 거래함에 있어서 실제의 수요를 실수
요라 한다. 주식투자자의 투자원인을 분석해 본다면, 주주가 되어
경영에 참가할 목적으로 투자하는 사람이 있는가 하면 주식의 매
매를 통하여 그 매매차익을 목적으로 투자하는 사람이 있다. 그
런가 하면 주식을 매입함으로써 신주를 발행할 때 그 배당을 목
적으로 투자하는 사람도 있다. 여기에서 배당을 목적으로 투자하
는 경우를 실수요라고 한다. 실수요에 반대되는 의미를 가지고
있는 것이 가수요이다. 주식시장에서는 실수요가 많아야 장기적
인 측면으로 볼 때 주식 가격 상승을 기대할 수가 있다.

악재(惡材 ; bad news, unfavorable factor)

주식시장에서 주식가격 하락을 불러오는 요인을 말한다. 악재(惡材)는 약재료(弱材料)라고 하기도 한다. 악재는 시장 외부로부터 오는 원인과 시장 내부에서 비롯되는 원인으로 대별할 수가 있다. 시장 외적인 요인으로서는 첫째, 배당을 줄이거나 자금을 줄이는 것 등과 같은 주식 전반에 영향을 미치는 것이 있으며, 둘째, 특정한 제품의 값이 떨어져서 그 종목에만 영향을 미치는 것, 그리고 세째로는 금리 인상 등과 같이 주식 시장의 시세 전반에 걸쳐서 영향을 미치는 것 등을 들 수 있다. 시장 내부적인 악재의 요인으로서는 투자신탁의 대량 매도나 신용거래의 팽창 등을 들 수 있다.

안정성(安定性 ; stability)

회사의 자본 구성이나 재무구조의 균형상태가 안정되어 있는가 없는가의 척도를 말한다. 회사의 안정성은 단기적으로 볼 때 회사의 지급능력을 좌우하게 되며 장기적으로 볼 때는 회사의 수익력에 영향을 미친다. 기업에 대한 안정성은 재무제표를 기초로 하여 자본구성간의 비율을 분석함으로써 그 척도를 잴 수가 있다. 다시 말하면, 기업의 총자산에 대한 유동자산의 비율이 클수록 안정성이 높은 것이며, 자기 자본에 대한 타인자본의 비율이 낮을수록 기업의 안정성은 높다고 할 수 있다.